CRÍMENES CONTRA LOS PUEBLOS INDÍGENAS AFECTADOS POR EL ARCO MINERO DEL ORINOCO. IMPACTO EN PAÍSES DE LA AMAZONÍA

FERNANDO M. FERNÁNDEZ

CRÍMENES CONTRA LOS PUEBLOS INDÍGENAS AFECTADOS POR EL ARCO MINERO DEL ORINOCO. IMPACTO EN PAÍSES DE LA AMAZONÍA

COLECCIÓN ESTUDIOS JURÍDICOS
N° 152

Editorial Jurídica Venezolana
Caracas, 2023

© FERNANDO M. FERNÁNDEZ
e-mail: ffernandez535@gmail.com
Twitter: @FM_Fernandez @DhMonitor @MonitorIndigena @CumpliCriminal

ISBN 979-8-88895-788-2

Monitor de Derechos Humanos
Monitor Indígena
Programa Financiado por la Union Europea
Cumplimiento Criminal
Editor de Texto: Juan Lebrun
Redes Sociales: Sofía Mogollón

Editorial Jurídica Venezolana
Sabana Grande, Av. Francisco Solano, Edif. Torre Oasis, Local 4, P.B.
Caracas, Venezuela
Teléfonos: (58) 212-762.3842 - Fax: (58) 212-763.5239
http://www.editorialjuridicavenezolana.com.ve

Impreso por: Lightning Source, an INGRAM Content company
para: Editorial Jurídica Venezolana International Inc.
Panamá, República de Panamá.
Email: ejvinternational@gmail.com

Portada: Alexander Cano

Fotografía: Charles Brewer-Carías. "Lo que quedó del Shapono de los Yanomamö de
Hashimo-teri, rio Hashimo, cuenca del Alto Orinoco, Sierra Parima. Estado Amazonas,
Venezuela (1993)

Diagramación, composición y montaje
por: Mirna Pinto de Naranjo, en letra Book Antigua 11,
Interlineado 12, mancha 11.5x18

ÍNDICE

X. ANEXOS

ABREVIATURAS

ACIENPOL	Academia de Ciencias Políticas y Sociales
AMO	Arco Minero del Orinoco
CAMIMPEG	Compañía Anónima Militar de Industrias Mineras, Petrolíferas y de Gas
CDH	Consejo de Derechos Humanos
CDHUCAB	Centro de Derechos Humanos de la Universidad Católica Andrés Bello.
COPENAL	Código Penal
Comisión IDH	Comisión Interamericana de Derechos Humanos
CorteIDH	Corte Interamericana de Derechos Humanos
CVM	Corporación Venezolana de Minería S.A.
DDHH	Derechos Humanos
DIH	Derecho Internacional Humanitario
DPI	Derecho Penal Internacional
DNUDPI	Declaración de las Naciones Unidas sobre los Derechos de los Pueblos Indígenas
DUDH	Declaración Universal de los Derechos Humanos
EITI	Iniciativa para la Transparencia de las Industrias Extractivas
EHC	Emergencia Humanitaria Compleja
ERCPI	Estatuto de Roma de la Corte Penal Internacional
FAN	Fuerza Armada Nacional
FANB	Fuerza Armada Nacional Bolivariana
FUNDAREDES	Fundación Redes
GN	Gobierno Nacional, Poder Ejecutivo.
LAB	Ley Constitucional Antibloqueo para el Desarrollo Nacional y la Garantía de los Derechos Humanos

LAERCPI	Ley Aprobatoria del Estatuto de Roma de la Corte Penal Internacional
LCDR	Ley Orgánica de Reforma Parcial de la Ley Orgánica contra la Discriminación Racial
LOA	Ley Orgánica del Ambiente
LOCDOFT	Ley orgánica contra la Delincuencia Organizada y el Financiamiento del Terrorismo
LPA	Ley Penal del Ambiente
MIIDH	Misión Internacional Independiente de Determinación de los Hechos
MINEC	Ministerio del Poder Popular para el Ecosocialismo
MPPD	Ministerio del Poder Popular para la Defensa
MPPDME	Ministerio del Poder Popular del Desarrollo Minero Ecológico
MPPP	Ministerio del Poder Popular de Planificación
OACNUDH	Oficina del Alto Comisionado de Naciones Unidas para los Derechos Humanos
OCDE	Organización para la Cooperación y el Desarrollo Económicos
ODEVIDA	Observatorio para la Defensa de la Vida
ODPVCPI	Oficina del Defensor Público de las Víctimas de la Corte Penal Internacional
OEA	Organización de Estados Americanos
OFCPI	Oficina del Fiscal ante la Corte Penal Internacional
ONU	Organización de Naciones Unidas
PIDESC	Pacto Internacional de Derechos Económicos, Sociales y Culturales
PIDCP	Pacto Internacional de Derechos Civiles y Políticos
PEP	Persona expuesta políticamente
PROVEA	Programa Venezolano de Educación y Acción en Derechos Humanos

Nota del Autor

Por: Fernando M. Fernández**

En el presente informe jurídico se indican las hipótesis sobre los posibles crímenes atroces perpetrados en Venezuela en perjuicio de los indígenas afectados por el Arco Minero del Orinoco ("AMO") en el Estado Bolívar, así como por la minería ilegal efectuada por fuerzas irregulares extranjeras, garimpeiros y el crimen organizado en otras zonas de esa localidad y en los estados Amazonas y Delta Amacuro, con efectos en países de la Amazonia.

Se trata de identificar y hacer visibles los factibles crímenes y las actividades destructivas de la selva tropical del Sur del Río Orinoco, en perjuicio directo e inmediato del hábitat, así como de la vida e integridad de los pueblos y comunidades indígenas que son impactados por el AMO, tanto en su existencia y supervivencia como por su condición de ser los guardianes ambientales y del territorio.

Se destaca la importancia y necesidad de que el Fiscal ante la Corte Penal Internacional realice la investigación en el terreno, sobre la base de los fundados elementos que indican que se han perpetrado crímenes de la competencia de la Corte Penal Internacional, ante la incapacidad y falta de voluntad del Estado venezolano de efectuar las investigaciones genuinas y relevantes que corresponden.

** Director del Monitor de Derechos Humanos. Profesor Invitado de Derecho Penal Internacional de la Universidad Central de Venezuela y de la Universidad Monte Ávila.

También es necesario que la Misión Internacional Independiente de Determinación de los Hechos continue profundizando en ello. Igualmente, la Oficina del Defensor Público de las Víctimas de la Corte Penal Internacional puede ejercer representaciones en juicio en la defensa de los derechos de los pueblos y comunidades indígenas.

De la misma forma, la Oficina del Alto Comisionado de Naciones Unidas para los Derechos Humanos puede incidir positivamente en la rectificación de esta política extractiva y sus secuelas.

PRESENTACIÓN

El presente Informe titulado "Crímenes contra los pueblos indígenas afectados por el Arco Minero del Orinoco. Impacto en países de la Amazonia", de autoría del abogado y profesor universitario Fernando M. FERNÁNDEZ, aborda exhaustivamente *"las hipótesis sobre los posibles crímenes atroces perpetrados en Venezuela en perjuicio de los indígenas afectados por el Arco Minero del Orinoco ("AMO") en el Estado Bolívar, así como por la minería ilegal efectuada por fuerzas irregulares extranjeras, garimpeiros y el crimen organizado en otras zonas de esa localidad y en los estados Amazonas y Delta Amacuro, con efectos en países de la Amazonia."*

Cabe destacar, que el autor precisa con meridiana claridad cuál es el objetivo de esta minuciosa investigación, que tiene según el autor un enfoque "jurídico", aunque se complementa con la recopilación, análisis y denuncia de las graves consecuencias ambientales y humanas que genera, en opinión del autor *"graves consecuencias en los diferentes grupos étnicos que han habitado secularmente esos territorios, que ha acelerado el proceso de su posible extinción, debido a la violencia sistémica, estructural e institucional desplegada por los diferentes actores estimulados por la política minera del Estado venezolano, que nada hace para mitigarlo ni impedirlo."*

El Informe contiene IX capítulos, discriminados en el siguiente orden: I. INTRODUCCIÓN Y ANTECEDENTES; II. PLANTEAMIENTO DEL PROBLEMA Y OBJETIVOS; III. METODOLOGÍA Y FUENTES; IV. ANTECEDENTES Y CONTEXTO; V. EL CRIMEN DE GENOCIDIO; VI. PERSECUCIÓN Y OTROS CRÍMENES DE LESA HUMANIDAD; VII. EL MARCO CONSTITUCIONAL INDIGENISTA Y SUS VIOLACIONES; VIII. CONCLUSIONES Y RECOMENDACIONES; y IX. FUENTES CONSULTADAS.

En el CAPÍTULO III, el autor destaca la caracterización del tipo de Estado que rige en Venezuela: *"se ha constatado que Venezuela tiene un Estado Dual o anómico frente a los pueblos y comunidades indígenas, lo cual quiere decir que coexisten en tiempo y lugar dos modelos y políticas, antagónicos y hostiles entre sí de parte del Estado: el constitucional y el socialista. (…) O sea que, el dualismo indigenista se expresa mediante la fachada de legislación en pro de los pueblos y comunidades indígenas se encubre la cruda realidad de las decisiones políticas del extractivismo y la delincuencia organizada que la impulsa y se alimenta de los beneficios económicos provenientes del tráfico de los minerales extraídos. De esta manera, la violación de la Constitución Nacional y las normas ambientes y penales se convierte en una práctica permitida oficial y supuestamente legal, pero inconstitucional."*

En el CAPÍTULO V, el crimen de genocidio se aborda jurídicamente a profundidad, así como se analiza el proceso judicial de la matanza de indígenas Yanomami, ocurrida en Venezuela hace 30 años atrás, en julio de 1993. El autor analiza comparativamente las actuaciones llevadas a cabo por los sistemas judiciales de Venezuela y Brasil, mostrando los resultados muy disímiles en ambos casos. En Venezuela, la Comisión Interamericana de Derechos Humanos (CIDH) tuvo que actuar ante la inmovilidad de las autoridades venezolanas, finalizando el caso presentado por Provea y la Oficina de Derechos Humanos del Vicariato Apostólico de Puerto Ayacucho, recién en 1999, en un arreglo amistoso entre el Estado venezolano y los demandantes. En Brasil, en el año 2000 se produjo un fallo sin precedentes cuando el Supremo Tribunal Federal confirmó la sentencia de condenas de entre 19 y 20 años de prisión, por los delitos de genocidio, asociación para el genocidio, minería ilegal, contrabando, ocultamiento de cadáveres, delito de daño y concierto para delinquir de genocidio por la matanza cometida por garimpeiros brasileros en contra de indígenas integrantes de la etnia yanomami en territorio venezolano.

Al finalizar, el CAPÍTULO VIII incluye 29 conclusiones y recomendaciones dirigidas a la comunidad internacional, tanto a las instancias de derechos humanos de Naciones Unidas (ONU) como de la Organización de Estado Americanos (OEA) y a la Corte Penal Internacional (CPI); así como a las instituciones judiciales del Estado venezolano.

Como defensor de derechos humanos, y en especial como aliado y defensor de los derechos de los pueblos indígenas y el derecho al ambiente, le recomiendo a los lectores difundir los aportes de este Informe, como una contribución al proceso de Memoria, Verdad y Justicia que busca sin descanso el objetivo de que NUNCA MÁS ni crímenes de lesa humanidad, ni ecocidio o genocidio en Venezuela.

Raúl Cubas

Cofundador de Provea y
Coordinador del Observatorio en Defensa de la Vida

PROLOGO

Nos ha correspondido el gusto de preparar las siguientes palabras introductorias al informe *"Crímenes contra los pueblos indígenas afectados por el Arco Minero del Orinoco. Impacto en países de la Amazonia"*, escrito por el profesor Fernando M. Fernández y el cual, ya está disponible en libre acceso para consulta de su contenido a todo el público interesado.

Este informe, condensa tres temas de especial relevancia que guardan relación directa con las obligaciones estatales de respeto y garantía de derechos fundamentales en el territorio de la República Bolivariana de Venezuela. Ellos son, en primer lugar, los derechos de los pueblos y comunidades indígenas, en segundo lugar, el impacto de las acciones y omisiones estatales en la zona denominada Arco Minero del Orinoco, y tercero, cómo el derecho en términos generales y particularmente el derecho internacional, a través de sus distintas sub-ramas, tiene vías sobre las cuales se pueden canalizar reclamaciones por abusos a derechos humanos.

El texto, dibuja en relieve una realidad que en Venezuela carece de la visibilidad que le corresponde por su importancia. Hablamos del cruce entre temas de protección de medio ambiente, pueblos originarios y la viabilidad de reclamaciones jurídicas para reivindicar derechos violados a personas en esas dos citadas áreas.

La actividad extractivista en Venezuela ha estado presente desde la formación de la primera República y tiene antecedentes que datan incluso de la época colonial. Concretamente, la extracción de minerales ha sido durante muchos años un negocio apetecido por grandes corporaciones e individuos, no obstante, el extractivismo sin análisis de impacto ambiental o realizado en territorios ancestrales sin consulta previa e informada, en tiempos modernos, constituye una violación al derecho internacional de los derechos humanos.

En este informe se hace una radiografía sobre elementos y antecedentes que han afectado a la población en los estados Bolívar y Amazonas de Venezuela y otros estados circunvecinos de esas entidades territoriales, en lo que respecta a dinámicas que configuran violaciones a un medio ambiente sano y a los derechos de pueblos y comunidades indígenas.

Visto lo anterior, el texto toca las obligaciones estatales de protección a pueblos y comunidades indígenas; cómo la migración forzada de personas indígenas se ha dado en el contexto de la emergencia humanitaria compleja que vive Venezuela; la vinculación entre el área geográfica denominada Arco Minero del Orinoco y el monopolio empresarial militar en ese sector del país; irregularidades y opacidad en la explotación minera sobre dicho territorio y los efectos dañinos en perjuicio de pueblos indígenas como lo son el racismo, la discriminación y el aislamiento.

Luego de exhibir esas dinámicas que orbitan alrededor de la situación de pueblos y comunidades indígenas en los estados Bolívar y Amazonas, así como también los efectos medioambientales de las prácticas de extracción minera en esas entidades territoriales, en el informe se plantea un interesante análisis de derecho internacional y específicamente de infracciones al derecho penal internacional como consecuencia de la actividad minera.

La vulnerabilidad de las poblaciones indígenas venezolanas es relevante y por ello hemos de procurar su protección y supervivencia, primordialmente por ser seres humanos, pero también en el entendido de que son personas miembros de la nación venezolana aún y cuando puedan tener otras identidades nacionales derivadas de sus especiales características y de su cosmovisión.

Pueblos y comunidades indígenas son una conexión con el origen de la presencia humana en el territorio que hoy denominamos Venezuela; y además, en sus territorios ancestrales situados en los estados Amazonas y Bolívar, que en extensión significan prácticamente 1/3 de todo el territorio nacional, ha ocurrido en los últimos años un incremento desproporcionado, desorganizado e incluso, cooptado por grupos de delincuencia organizada nacionales y transnacionales que puede potencialmente contribuir a la extinción progresiva de estos pueblos.

Por otra parte, en un mundo globalizado en el que hay una lucha constante por el acceso a materias primas de parte de los países desarrollados, la cuenca amazónica no solo por sus minerales, sino por sus recursos hídricos, es un bocado apetecible para garantizar el suministro de agua en el marco de las actividades industriales que llevan a cabo y llevarán a cabo esos países desarrollados. Por ello, la preservación del medio ambiente es en sí misma una actividad de supervivencia.

Afirmamos lo anterior, ya que el mucho o poco dinero que actualmente se extrae en formato de oro de los estados Bolívar y Amazonas de Venezuela, se convertirá en cantidades insignificantes si producto de esas actividades de extracción minera se destruyen cuencas ribereñas y se afectan los ecosistemas de la Amazonía venezolana. Pagarán nuestros descendientes y quizás nosotros mismos con el precio de la hambruna y la contaminación, las actividades que hoy se realizan en esa zona del país.

Felicitamos que los temas del medio ambiente y de derechos indígenas sean analizado de manera consciente a través de informes como el preparado por el profesor Fernández. Cada vez más y sobre todo en la Venezuela del presente debe incrementarse la producción académica, la documentación de contexto, la reseña periodística y cualquier expresión que coloque de una manera responsable estos temas de interés el debate nacional.

El análisis hecho en el informe es en buena medida desde la óptica de la juridicidad, puesto que evalúa supuestos de hecho previstos en el derecho internacional y los subsume en hechos acaecidos en la realidad nacional venezolana. Es esta, una contribución al debate llano y sincero sobre la subsistencia de nuestros pueblos indígenas y del medio ambiente existente en sus territorios ancestrales.

Ahora bien, deberán proliferar trabajos como el aquí presentado, teniendo enfoques desde otras disciplinas como la sociología, antropología, psicología, las ciencias de la salud, entre otros y también con enfoques multidisciplinarios puesto que es estrictamente necesario alzar la voz en Venezuela por quienes más lo necesitan.

Alzar la voz el día de hoy por los pueblos y comunidades indígenas no solo se hace pensando en estos. Protegerles a ellos, a sus costumbres, a sus territorios, es lo mismo que proteger a toda la colectividad venezolana puesto que cuando se trata de preservar recursos medioambientales, el efecto positivo que se genera es para todas las personas que habitamos en este país sin distinción de raza, e incluso nos atrevemos a afirmar que el efecto positivo es para la humanidad en sí misma.

Invitamos a leer el informe *"Crímenes contra los pueblos indígenas afectados por el Arco Minero del Orinoco. Impacto en países de la Amazonia"* con espíritu constructivo y preventivo. Que esta iniciativa sirva para aupar el debate propositivo sobre el cuidado de nuestra Amazonía y sus habitantes.

Eduardo TRUJILLO ARIZA

*Director del Centro de Derechos Humanos
de la Universidad Católica Andrés Bello*

y

Raúl CUBAS

*Cofundador de Provea y Coordinador del
Observatorio en Defensa de la Vida*

Caracas, 24 de febrero de 2023

I. INTRODUCCIÓN Y ANTECEDENTES

Venezuela está caracterizada, formalmente, como una nación "multiétnica y pluricultural", según el Preámbulo de la CRBV, con lo cual se reconoce a los pueblos y comunidades indígenas. Sin embargo, nada más apartado de la realidad: los pueblos y comunidades indígenas nativos y sus graves problemas de existencia se mantienen invisibles, excluidos, explotados y esclavizados en situaciones peores que aquellas que ocurrieron durante la conquista y la colonización española. Incluso, se puede afirmar que algunas etnias están al borde de la extinción. En concreto, las afectadas por el AMO.[1] Ello, como producto de las políticas y acciones estatales en materia de minería, así como la inacción frente a la extracción ilegal, entre otras.

En este informe se expone la hipótesis legal según la cual existen bases razonables para afirmar que se han perpetrado y se continúan consumando crímenes internacionales en perjuicio de los pueblos y comunidades aborígenes. Destacan entre ellos los crímenes de persecución y asesinato, imbricados con otras atrocidades. Entre 2013 y 2021, se han registrado (ODEVIDA, 2021) un total de 32 casos de defensores y defensoras de derechos ambientales y del territorio "…

---

[1] La abreviatura AMO no es lo mismo que la palabra "amo" que tiene varias acepciones, algunas de ellas signadas por la ironía y la tragedia para la comprensión de los efectos letales del emprendimiento minero del Estado venezolano: (i) Yo amo es la primera persona del presente singular del verbo amar; y (ii) también significa ser el amo, propietario o dueño absoluto de esclavos, lo cual implica la relación dialéctica entre ambos (Hegel, *Fenomenología del espíritu*, 1807). Nada más paradójico que ese acrónimo, habida cuenta del desamor y la violencia estructural con los cuales son tratados los indígenas y, sobre, todo, por el régimen de esclavitud moderna a la que están sometidos por la industria extractiva minera, tanto la estatal como la informal.

que han sido víctimas de la violencia y la represión. De los 32 defensores o líderes ultimados, 21 han sido asesinados por sicarios mineros o miembros grupos armados colombianos (ELN o Grupos Postfarc), y 11 por efectivos de la Fuerza Armada Nacional Bolivariana (FANB)"[2] tres eran mujeres. Son diversas las fuentes confiables que han documentado casos graves de asesinatos y ejecuciones extrajudiciales. Por ejemplo, CODEHCIU documentó 18 masacres en el AMO.[3]

Los pueblos indígenas de Venezuela son los principales obstáculos para el logro de los objetivos de la extracción minera por parte del Estado venezolano y el proyecto del AMO, así como de las empresas que actúan bajo las concesiones estatales y demás formas irregulares de extractivismo: garimpeiros brasileros que realizan la minería masiva y sin control ni medida algunos, guerrilleros[4] y todo tipo de actividades relacionadas ilegales, los cuales pululan en los territorios ancestrales de los pueblos y comunidades indígenas. La oposición de los pueblos y comunidades indígenas y comunidades indígenas a la explotación minera irracional es frontal y radical. En consecuencia, son percibidos como "enemigos" por los grupos irregulares y por los ejecutores de la política estatal extractiva.[5]

Los pueblos y comunidades indígenas constituyen el grupo humano mejor capacitado para resguardar los bosques de la Amazonía, en virtud de su interdependencia con el hábitat en sus territorios ancestrales. Ellos están fusionados con la tierra y el bosque. Gracias

---

[2] ODEVIDA, *El aire huele a mal: situación de personas defensoras del ambiente y el territorio en Colombia y Venezuela.* Disponible en: https://provea.org/wp-content/uploads/2021/12//odevida-informe-ambiente-colombia-y-venezuela.pdf.

[3] Comisión para los Derechos Humanos y la Ciudadanía (CODEHCIU), *18 masacres en cuatro años: el saldo verdadero del Arco Minero.* Disponible en: https://codehciu.org/18-masacres-en-cuatro-anos-el-saldo-verdadero-del-arco-minero/

[4] EFE, Disidentes de las FARC asesinan a seis indígenas en Venezuela, denuncia ONG. Disponible en https://www.swissinfo.ch/spa/venezuela-ind%C3%ADgenas_disidentes-de-las-farc-asesinan-a-seis-ind%C3%ADgenas-en-venezuela--denuncia-ong/46723942.

[5] FERNÁNDEZ, Fernando M., *El derecho penal del enemigo como política del Estado venezolano.* Disponible en: https://accesoalajusticia.org/el-derecho-penal-del-enemigo-como-politica-del-estado-venezolano/

a su perseverancia en mantener incólume el ambiente, la selva, los suelos y sus ríos ha sido posible mitigar, hasta ahora, la devastación ocasionada por la codicia y el desenfreno minero. Los pueblos y comunidades no son propietarios de la tierra y la selva. Simplemente, ellos le pertenecen a ellas. Por eso su defensa es raigal, genuina y legítima.

En el AMO y el área afectada por este se incumplen totalmente, los estándares de universalidad, interdependencia, indivisibilidad e inviolabilidad de los DDHH formulados en la DUDH y la DNUDPI, así como el PIDESC y el PIDCP y los diferentes Pactos y Convenciones Internacionales relacionados con el ambiente y los pueblos y comunidades indígenas.

❖ Hallazgos de la MIIDH:

La MIIDH presentó[6] al Consejo de DDHH de la ONU su 3er. informe detallado sobre los hechos atroces, una serie de delitos y abusos a los DDHH que acontecen constantemente en el AMO y zonas contiguas del estado Bolívar y los estados Amazonas y Delta Amacuro donde se realiza de forma ilegal y extensivamente la minería de metales estratégicos. Dicho informe se efectuó mediante tres documentos, a saber: (i) un resumen de los hallazgos; (ii) Un legajo pormenorizado sobre la situación de los derechos humanos en el Arco Minero del Orinoco y otras áreas del estado Bolívar; y (iii) un documento donde detalla los crímenes de lesa humanidad cometidos a través de los servicios de inteligencia del Estado: estructuras y personas involucradas en la implementación de un plan para reprimir la oposición al gobierno. Se espera que el Consejo de DDHH renueve su mandato a los fines de seguir investigado estos hechos de forma exhaustiva.

---

6   MIIDH, *Declaración de Marta Valiñas, Presidenta de la Misión Internacional Independiente de Determinación de los Hechos sobre la República Bolivariana de Venezuela, en la 49ª sesión del Consejo de Derechos Humanos.* Disponible en: https://www.ohchr.org/es/statements/2022/03/statement-marta-valinas-chair-independent-international-fact-finding-mission

Esto afirma la MIIDH:

"4.   Análisis cuantitativo de incidentes violentos

22. La Misión elaboró una matriz de incidentes,[7] en la cual se han compilado 182 posibles incidentes de presuntas violaciones a derechos humanos y/o delitos en el estado de Bolívar desde 2014 hasta la actualidad. La Misión seleccionó dichos incidentes a través de un seguimiento por medio de fuentes de información abiertas y de entrevistas. Como resultado de los mismos incidentes, la Misión registró un total de 1.914 posibles víctimas de violaciones de derechos humanos y delitos.

23. De los 182 casos registrados, 87 fueron casos de violaciones de derechos humanos presuntamente cometidas por agentes estatales (47.8 % del total de casos). Y 81 casos registrados, correspondieron a hechos delictivos presuntamente cometidos por agentes no estatales (44.5%). Hay 14 posibles incidentes, que representan un 7.7%, en los que la Misión no pudo ni identificar, ni confirmar, la naturaleza de los responsables.

24. Desde 2014 hasta la actualidad, la Misión registró 832 muertes violentas de personas, de las que 237 fueron presuntas privaciones arbitrarias de la vida por parte de agentes estatales. La Misión también identificó 96 posibles desapariciones de personas, 107 presuntas violaciones por tortura y por tratos o penas crueles, inhumanos y/o degradantes, 142 por presuntas detenciones arbitrarias por agentes estatales, y 729 presuntos delitos contra la libertad cometidos por agentes no estatales.

25. La Misión registró un incremento significativo de la violencia a partir del 2016, ya que en ese año se registraron 35 posibles incidentes, cifra que disminuyó en 2017, con 25 posibles incidentes. La cifra que

---

[7] "Un incidente es un acontecimiento o suceso cometido por un mismo autor, o un grupo de autores que actúan de forma concertada, en el mismo momento y lugar, que puede implicar una o varias víctimas."

volvió a incrementarse en 2018, con 28 posibles incidentes violentos registrados, tendencia que continuó en 2019, con 37 posibles incidentes violentos. Y a partir de 2020 y 2021, se volvió a registrar una reducción progresiva de posibles incidentes violentos, con 24 y 22 posibles incidentes violentos, respectivamente.

26. En consonancia con los hallazgos de otras fuentes, la Misión documentó la mayor cantidad de posibles incidentes dentro del área geográfica cubierta por el Arco Minero, donde se registraron 155 posibles incidentes, representando el 85 % de los posibles incidentes. La mayoría de estos, 108, ocurrieron en los municipios de El Callao, Sifontes, Piar y Roscio, todos ubicados en el noreste del estado de Bolívar y dentro del Área 4 del Arco Minero. La Misión también identificó 27 posibles incidentes en el municipio de Gran Sabana de Bolívar, ubicado en la región sur del estado, fronteriza con Brasil, donde se también encuentra el área Ikabarú, un bloque adicional del Arco Minero. Los posibles incidentes ocurridos en el Municipio Gran Sabana representan casi el 15 % del total de posibles incidentes registrados.

27. De los 182 posibles incidentes registrados en la matriz de la Misión, esta seleccionó 67 casos que fueron preliminarmente investigados. Entre ellos, la Misión priorizó la profundización de las investigaciones en 29 casos con un total de 244 víctimas (20 mujeres; 224 hombres). La Misión profundizó sus investigaciones sobre los 29 casos. Para la selección de estos casos, la Misión tuvo en cuenta el acceso a fuentes directas, la disponibilidad de información sobre vínculos, la gravedad de las violaciones, los perfiles de las víctimas y la representatividad de los patrones, entre otros criterios. En los estudios de casos incluidos en los capítulos III y IV del presente informe, se analiza una selección ilustrativa de cuatro casos sobre los que, conforme al estándar de prueba establecido, la Misión llegó a determinaciones fácticas, que se reflejan en el presente informe."

❖   Acuerdo de Escazú

El Acuerdo de Escazú[8] define con precisión que los pueblos y comunidades indígenas son "personas o grupos en situación de vulnerabilidad". La Asamblea General de la ONU ratificó este acuerdo en la Resolución 76/300 de 28 de julio de 2022, al reconocer, por primera vez el derecho humano a un medio ambiente limpio, saludable y sostenible.[9] Venezuela no participó en la preparación de este importante instrumento en 2012-2014 ni ha firmado el mismo.[10] Hasta ahora, nada se ha dicho oficialmente sobre el Acuerdo.[11]

La extracción minera masiva, desmedida, desordenada y sin control alguno del impacto socioambiental se ha puesto en evidencia gracias al esfuerzo de luchadores sociales y líderes indígenas, ONG, expertos, medios de comunicación y redes sociales, a pesar de la intensa propaganda y posverdad[12] oficialista que trata de encubrir y negar los hechos. Además, eso ha ocasionado muy graves consecuencias en los diferentes grupos étnicos que han habitado secularmente esos territorios, ha acelerado el proceso de su posible extinción, debido a la violencia sistémica, estructural e institucional desplegada por los diferentes actores estimulados por la política minera del Estado venezolano, que nada hace para mitigarlo ni impedirlo. El AMO es el paso más agresivo que se ha efectuado contra los

---

8   CEPAL, *Acuerdo Regional sobre el Acceso a la Información, la Participación Pública y el Acceso a la Justicia en Asuntos Ambientales en América Latina y el Caribe*. Disponible en: https://www.cepal.org/es/acuerdodeescazu

9   ONU, *Asamblea General de las Naciones Unidas reconoce el derecho humano a un medio ambiente sano en línea con el Acuerdo de Escazú*. Disponible en: https://www.cepal.org/es/notas/asamblea-general-naciones-unidas-reconoce-derecho-humano-un-medio-ambiente-sano-linea-acuerdo

10 CEPAL, Antecedentes. Disponible en: https://www.cepal.org/es/organos-subsidiarios/acuerdo-regional-acceso-la-informacion-la-participacion-publica-acceso-la/antecedentes-acuerdo-regional.

11 TalCual, Alejandro Álvarez: «Venezuela no suscribe Escazú porque detrás se esconde la corrupción». Disponible en: https://talcualdigital.com/podria-ser-por-politica-que-venezuela-nunca-se-ha-pronunciado-sobre-el-acuerdo-de-escazu/

12 Diccionario de la Real Academia Española, *posverdad*: De pos- y verdad, trad. del ingl. post-truth. 1. f. Distorsión deliberada de una realidad, que manipula creencias y emociones con el fin de influir en la opinión pública y en actitudes sociales. Los demagogos son maestros de la posverdad. Disponible en: https://dle.rae.es/posverdad?m=form

derechos de los pueblos y comunidades indígenas y un factor de gran impulso de la extinción. Lo más preocupante es la actividad del Estado venezolano envuelto en ello, algo que no ocurre en otros países de la región con alta incidencia de la minería ilegal.

La extracción minera, por lo general, es de mayor impacto destructivo que la explotación forestal, agrícola y ganadera que se da en otros países en la Amazonía, por causa de la devastación, desertización y envenenamiento de los suelos, que los hace irrecuperables. Mas aun si se realiza de forma irracional, irregular y sin seguir norma técnica alguna que mitigue ni restaure los daños. El asunto empeora cuando es el Estado quien la realiza y la promueve de forma inconstitucional y en contra de cualquier criterio ecológico, de razonabilidad y de humanidad.

Ser el principal obstáculo de la extracción minera descontrolada, tal como la realiza el Estado y los grupos irregulares, convierte los pueblos y comunidades indígenas en "enemigos" o, al menos, así son percibidos, aun cuando no sea una política manifiesta; lo cual puede explicar el porqué de varias atrocidades perpetradas en contra de los pueblos y comunidades indígenas: persecución de guardianes de la selva y lideres sociales debido a su etnia y *modus vivendi* en la selva amazónica venezolana, las matanzas, la esclavitud y, en general, la creación de condiciones que hacen imposible a los miembros de esas etnias nativas poder sobrevivir bajo las condiciones que impone el extractivismo: la forma más violenta y destructiva de intervención de la naturaleza, sobre todo si se hace de forma descontrolada y sin estudios de impacto socio ambiental que contengan medidas paliativas de remediación y recuperación del ambiente. Las riquezas obtenidas en el proceso de extracción (oro, diamantes, coltán y otras tierras raras) originan la destrucción de los bosques, y suelos, así como el envenenamiento de los ríos, los peces y demás seres vivos que sirven alimento a los indígenas.

En otras palabras, a los pueblos y comunidades indígenas que se oponen a la minería del AMO y de grupos irregulares les toca ser percibidos como "enemigos internos"[13] del Estado, de la misma manera que lo han sido los opositores políticos, empresarios expropiados, sindicalistas, ONG, enfermeras, maestros, médicos, etc.

---

[13] Acceso a la Justicia, *La figura del enemigo interno como política de Estado en Venezuela.* Disponible en: https://accesoalajusticia.org/la-figura-del-enemigo-interno-como-politica-de-estado-en-venezuela/

Así las cosas, se les aplica el llamado derecho del enemigo,[14] ampliado desde el Derecho Penal y la represión legal a normas civiles y administrativas; así como a vías de hecho que suprimen sus derechos o, al menos, son profundamente lesivas a sus derechos fundamentales, según del Derecho Internacional y en abierto antagonismo a sus derechos constitucionales. Además, de operativos militares claramente hostiles y letales.[15] En lo único que se diferencia esta enemistad con los pueblos y comunidades indígenas es que no está presente un discurso de odio, sino por el contrario, una narrativa de supuesto amor a todo lo indígena en contra del colonialismo, el imperialismo y lo extranjerizante, expresado en monumentos a los guerreros héroes[16] de la época colonial, designación de la toponimia[17] y diversas declaraciones políticas de propaganda y posverdad oficialista. Pero, eso puede considerarse como una maniobra simbólica de fachada, de encubrimiento de lo que ocurre *de facto et jure*.

Aun cuando se desconoce la población actual porque el último censo data de 2011,[18] la población indígena está conformada por 51 pueblos y unas 3.000 comunidades. Constituye el 2,8% de la población total. Dada la diáspora de venezolanos en el mundo no se puede dar una cifra exacta. Hay una gran incertidumbre con estas cifras por la inexistencia de un censo reciente y porque la migración forzada y las muertes por enfermedades han sido las más abundantes conocidas. No obstante, hacia Brasil, Colombia y Guyana se observa una alta recurrencia.

---

[14] FERNÁNDEZ, Fernando M., *Todo enemigo se presume culpable*. Disponible en: https://provea.org/publicaciones/investigaciones/investigacion-especial-todo-enemigo-se-presume-culpable/

[15] Observatorio de Ecología política de Venezuela, *Comunicado: a propósito de la agresión militar al pueblo pemón en Canaima*. 21 diciembre, 2018. Disponible en: https://www.ecopoliticavenezuela.org/2018/12/21/comunicado-proposito-la-agresion-militar-al-pueblo-pemon-canaima/

[16] Ultimas Noticias, *El espíritu de Guaicaipuro se plasmó en una obra de arte*. Disponible en: https://ultimasnoticias.com.ve/noticias/cultura/el-espiritu-de-guaicaipuro-se-plasmo-en-una-obra-de-arte/

[17] PDVSA, *Parque Nacional Guaraira Repano*. Disponible en: http://www.pdvsa.com/images/ambiente/Waraira_repano.pdf

[18] Instituto Nacional de Estadística, *Censo 2011. Resultados de población indígena*. Disponible en: http://www.ine.gob.ve/documentos/Demografia/CensodePoblacionyVivienda/pdf/ResultadosBasicos.pdf; y Datos Macro, *Venezuela – Población*. Disponible en: https://datosmacro.expansion.com/demografia/poblacion/venezuela?anio=2011

Pero, el impacto estructural de la violencia institucional no se limita a los pueblos y comunidades indígenas. También la población civil es severamente afectada en términos letales. Sin embargo, la vulnerabilidad de los integrantes de los pueblos y comunidades indígenas es de mayor gravedad que la de los criollos en las minas, debido a los prejuicios, estigmatización, estereotipos culturales, así como del aislamiento y discriminación crónicos de la historia venezolana. En cuanto a los pobladores vernáculos, también se ejerce una enorme violencia institucional traducida en ejecuciones extrajudiciales cometidas por organismos de seguridad del Estado, tal como se recoge en diferentes medios de comunicación locales y ONG que documentado los hechos

❖   Estos datos los refleja ODEVIDA[19] así:

> "… El Centro para la Reflexión y Acción Social (CERLAS)50 registró entre 2012 y 2018 al menos 30 masacres perpetradas en zonas mineras al sur de Venezuela. De ellas, 25 masacres han dejado un saldo de 217 personas asesinadas entre marzo de 2016 y junio 2020, de acuerdo con la investigación basada en fuentes diversas…"

> Aparecen señalados como perpetradores en estos hechos:

> "… el Cuerpo de Investigaciones Científicas, Penales y Criminalísticas (CICPC), las Fuerzas Armadas Especiales (FAES) y la Fuerza Armada Nacional (FAN). También participan en la ejecución de masacres los llamados "sindicatos mineros" y grupos guerrilleros colombianos como el Ejército de Liberación Nacional (ELN) y facciones disidentes de las Fuerzas Armadas Revolucionarias Colombianas (FARC)."

> Sobre desapariciones forzadas:

> "Por otra parte, entre 2012 y 2021, la Comisión para los Derechos Humanos y la Ciudadanía (CODEHCIU) ha registrado 151 reportes de desaparición de personas en los territorios mineros de Bolívar, vinculados con pagos en oro. Del total, 111

---

[19]   Ob. Cit. p. 20 y 21.

desaparecidos son hombres y 40 mujeres. Los responsables de dichas masacres son los denominados "sindicatos" (bandas criminales), las fuerzas guerrilleras colombianas presentes en la región y cuerpos de seguridad del Estado."

Lo que debe señalarse, entre otros factores de primer orden, es que los ataques a la población indígena son directamente ocasionados y/o tolerados por actos del Estado venezolano, lo cual involucra posibles responsabilidades de los jefes y superiores que lo controlan. Asimismo, la participación de otros actores provenientes del crimen organizado y de grupos armados irregulares ("GAI") que se lucran de tales actividades ilegales, como también lo ha documentado FUNDAREDES (2022).[20]

En este reporte se intenta documentar las bases fácticas que luego podrán ser verificadas en una investigación por parte de la OFCPI y la MIIDH. También, cuenta con registros creíbles para concluir de forma razonable acerca de que, en Venezuela se han perpetrado, y se continúan cometiendo, persecuciones y otras atrocidades en contra de los indígenas venezolanos impactados por el AMO. Tales actos son cometidos por agentes del Estado venezolano, como parte de una política estatal organizada y cumplida de forma sistemática y generalizada en contra de esa población civil, a los fines de realizar la actividad extractiva de oro y otros materiales estratégicos en el territorio considerado como el hábitat natural y ancestral de los pobladores aborígenes, dentro del cual han subsistido desde tiempos inmemoriales.

ODEVIDA (2021) ha documentado 32[21] casos de asesinatos, (entre ejecuciones extrajudiciales y homicidios selectivos) a indígenas defensores/as de los derechos ambientales y del territorio, además de múltiples actos de violencia estructural: secuestros amenazas detenciones arbitrarias, entre otros ataques (3 de las víctimas mortales eran mujeres).

---

[20] FUNDAREDES, *Afectación de la comunidad indígena por la explotación del Arco Minero del Orinoco*. Disponible en: https://fundaredes.org/informes/2022-EPA-Afectacion-en-la-comunidad-indigena-por-la-explotacion-del-Arco-Minero-del-Orinoco.pdf

[21] ODEVIDA *El aire huele a mal: situación de personas defensoras del ambiente y el territorio en Colombia y Venezuela*. Disponible en: https://provea.org/wp-content/uploads/2021/12//odevida-informe-ambiente-colombia-y-venezuela.pdf

Dice así:

> "Entre 2013 y 2021, ODEVIDA ha registrado un total de 80 casos de defensores/as de derechos ambientales y del territorio en Venezuela que han sido víctimas de la violencia y la represión. Del total, 25 (31%) han sido detenidos arbitrariamente; 11 (14%) han sido víctimas de ejecuciones extrajudiciales; 21 (26%), víctimas de asesinatos selectivos; 9 (11%), víctimas de secuestros; y 14 (18%), de amenazas. De los 32 defensores o líderes asesinados, 21 han sido asesinados por sicarios mineros o miembros de organizaciones guerrilleras colombianas, y 11 por efectivos de la Fuerza Armada Nacional Bolivariana (FANB). Del total de víctimas, 69 (84%) fueron del sexo masculino, 6 (7%), del femenino y 7 (9%) fueron organizaciones no gubernamentales."

Es de hacer notar que el tema de los pueblos y comunidades indígenas ha pasado desapercibido para la OFCPI, no obstante, las denuncias hechas por la OACNUDH, ONG, medios de comunicación, los líderes sociales de los pueblos y comunidades indígenas, así como de individualidades que han tomado interés en esta causa. La persecución y los otros crímenes de transcendencia internacional que se perpetran en el AMO deben ponerse en evidencia en la investigación que lleva a cabo la OFCPI y, además, colocarse sobre el tapete del debate institucional debido a sus consecuencias devastadoras e irrecuperables sobre el ambiente y la vida humana, particularmente, sobre los primeros afectados de forma directa: los indígenas. Afortunadamente, la MIIDH ha tomado testimonios de su victimización en su reciente visita a la frontera.[22] La ODPVCPI puede tomar nota de los casos y apoyarles en la defensa de sus derechos.

La llamada Amazonía es una vasta región de América del Sur amenazada por las actividades mineras de todo tipo desde hace centurias. Lo que hace distinto al caso venezolano, es la actividad directa del Estado en ejecución de una política extractiva ilimitada y desordenada, cambiando radicalmente lo que había sido una actividad pro ambientalista y conservacionista liderada por lo que fue el

---

[22] MIIDI I, *La Misión de Determinación de los Hechos visita zonas de frontera con Venezuela.* Disponible en: https://www.ohchr.org/es/hr-bodies/hrc/ffmv/ffm-expert-venezuela-2022

Ministerio del Ambiente y de los Recursos Naturales, el cual fue sustituido por el MPPE. Ahora se mantiene una fachada de apariencia favorable al ambiente, pero que esconde un extractivismo desatado y descontrolado sin precedentes, incomparable con otros desarrollos mineros de la Amazonía (Brasil, Colombia, Perú y Bolivia) en los cuales no figura el Estado como principal actor de la extracción minera. Tanto es así, que Venezuela aún no ha firmado el Acuerdo de Escazú, lo cual ha sido una demanda constante de la sociedad civil (ODEVIDA, 2021).[23]

El CDHUCAB[24] ha documentado los casos de 1.000 indígenas sometidos a régimen de esclavitud en sus diversas formas, a saber: "la explotación laboral, servidumbre doméstica involuntaria, trata laboral, trabajo forzoso infantil, explotación y esclavitud sexual, y explotación sexual comercial de niños."

En la defensa indigenista y ambiental se destacan muchas individualidades, instituciones y ONG. Así, entre muchas, se debe mencionar el esfuerzo de defensores de los DDHH de los pueblos y comunidades indígenas como el abogado Olnar Ortiz Coordinador del Foro Penal al llevar la situación y los casos judiciales llevados a los foros internacionales.[25] De igual forma, el denuedo con el cual el

---

23 ODEVIDA, En Colombia, Perú y Venezuela es inaplazable la ratificación y adhesión al Acuerdo de Escazú. Disponible en: https://docs.google.com/forms/d/e/1FAIpQLSe1_OiOh0BR_USaojTHp06BIfCP56jjKBdFd GYuRLEjq QXEXA/viewform

24 CDHUCAB, MÁS DE 1.000 VÍCTIMAS DE ESCLAVITUD MODERNA IDENTIFICÓ EL CDH UCAB ENTRE INDÍGENAS DEL ESTADO BOLÍVAR. Disponible en: https://elucabista.com/2022/02/17/mas-de-1-000-victimas-de-esclavitud-moderna-identifico-el-cdh-ucab-entre-indigenas -del-estado-bolivar/#:~:text=Univ%C3%A9rsate,M%C3%A1s%20de%201.000%20v%C3%ADctimas%20de%20esclavitud%20moderna%20iden-tific%C3%B3%20el,entre%20ind%C3%ADgenas%20del%20estado%20bol%C3%ADvar&text=Seg%C3%BAn%20el%20Instituto%20Nacional%20de, total%20de%20habitantes%20del %20pa%C3%ADs.

25 Foro Penal Venezolano: *Foro Permanente sobre Cuestiones Indígenas de la ONU el 22 de abril de 2021*. Disponible en: https://foropenal.com/foro-permanente-sobre-cuestiones-indigenas-de-la-onu-el-22-de-abril-de-2021/; y Monitor e Derechos Humanos, *con Olnar Ortiz*. Disponible en: https://youtu.be/Vpw-lM-Hj98

antropólogo Aimé Tillett (2021, 2022)[26 - 27] ha estudiado y divulgado los graves problemas de salud de las colectividades originarias. Asimismo, el ahínco y profundidades con los cuales con el cual han documentado y expresado desde la academia, investigadores de la talla del Prof. Vladimir Aguilar y Francisco Rodríguez M. (2020) en diferentes trabajos, pero, especialmente para privilegiar los temas jurídicos de protección a los pueblos y comunidades indígenas con la jurisdicción universal.[28] La divulgación y documentación que ha venido ejerciendo de forma constante la periodista Minerva Vitti (2020)[29] del Centro Gumilla es, también, notable. Cristina Burelli (2022),[30] fundadora de la ONG SOS Orinoco, también descolla en su ferviente defensa del ambiente y su permanente denuncia de los estragos del AMO, por lo que promueve la tipificación del ecocidio como crimen de lesa humanidad. La Diputada María Gabriela Hernández (2020)[31] ha realizado ingentes esfuerzos, también, para que se legisle adecuadamente en la protección del ambiente. En fin, son muchos otros que no se alcanzan a enumerar. La Comisión

---

[26]   TILLETT, Aimé, *Factores Determinantes De Tuberculosis Entre Los Indígenas Warao Del Delta Venezolano genética e Inmunidad.* Disponible en: https://ucv.academia.edu/AimeTillett.

[27]   *Monitor de Derechos Humanos, con Aimé Tillett.* Disponible en: https://www.youtube.com/watch?v=x9epIDigS6s

[28]   RODRÍGUEZ, M. y Vladimir Aguilar, *El principio de jurisdicción universal y los crímenes económicos y ambientales en Venezuela.* Fundación Buria (PDF). Barquisimeto, 2020.

[29]   VITTI, Minerva, *La Covid-19 magnifica las violaciones a los derechos indígenas y pone en riesgo la sabiduría ancestral depositada en las y los mayores. Revista SIC Digital.* Disponible en: http://www.revistasic.gumilla.org/2020/la-covid-19-magnifica-las-violaciones-a-los-derechos-indigenas-y-pone-en-riesgo-la-sabiduria-ancestral-depositada-en-las-y-los-mayores/

[30]   SEMANA, *Las guerrillas colombianas están participando en un ecocidio en Venezuela: SOS Orinoco.* Disponible en: https://www.semana.com/sostenible/articulo/las-guerrillas-colombianas-estan-participando-en-un-ecocidio-en-venezuela-sos-orinoco/202237/#:~:text=Leer%2013%20respuestas-,Las%20guerrillas%20colombianas%20est%C3%A1n%20participando%20en%20un%20ecocidio%20en%20Venezuela,entre%20los%20venezolanos%2C%20sin%20contar

[31]   HERNÁNDEZ, María Gabriela, *VIDA, AMBIENTE Y DESARROLLO SOSTENIBLE. Una Visión Integral desde Venezuela.* Disponible en: https://elucabista.com/wp-content/uploads/2020/11/VIDA-AMBIENTE-Y-DESARROLLO-SOSTENIBLE-LIBRO-ABEDICIONES-DEF.pdf

Internacional de Juristas, también ha hecho aportes al desvelar el deterioro de las poblaciones indígenas por causa de la violencia minera y el COVID.[32] También la ONG Kapé Kapé ha revelado [33] la violencia contra los pueblos y comunidades indígenas en la Amazonia venezolana.

- *Responsabilidad del Estado venezolano de proteger a los pueblos y comunidades indígenas*

El Estado venezolano está obligado a proteger (Fernández, 2019)[34] a toda la población del país, pero, especialmente, a los pueblos y comunidades indígenas de cualquier riesgo y amenaza de ser atacados por actos de genocidio, crímenes de lesa humanidad, crímenes de guerra y limpieza étnica, como se deprende del documento firmado sobre la responsabilidad de proteger ("R2P" por sus siglas en inglés) en 2005 firmado por el presidente Hugo Chávez Frías en la ONU.[35]

Dice así el documento de la Cumbre Mundial de 2005:

"Responsabilidad de proteger a las poblaciones del genocidio, los crímenes de guerra, la depuración étnica y los crímenes de lesa humanidad"	Comentarios
138. Cada Estado es responsable de proteger a su población del genocidio, los crímenes de guerra, la depuración étnica y los crímenes de lesa humanidad. Esa responsabilidad conlleva la	El párrafo 138 es categórico en el sentido de apuntar el deber de cada Estado de prevenir que ocurran de dichos crímenes, incluida la incitación a su comisión. Para ello, cada Estado

---

[32]   Comisión Internacional de Juristas, Venezuela: Los pueblos indígenas enfrentan el deterioro de la situación de derechos humanos a causa de la minería, la violencia y la COVID-19. Disponible en: https://www.icj.org /wp-content/uploads/2020/10/Venezuela-COVID19-indigenous-News-Feature-articles-2020-SPA.pdf

[33]   Kapé Kapé, *VIOLENCIA MINERA EN COMUNIDADES INDÍGENAS DEL SUR DE VENEZUELA*. Disponible en: http://fronteraysociedad.org/wp-content/uploads/2021/03/Kape-Kape-Violencia-Minera-en-Comunidades -Indigenas-al-Sur-de-Venezuela.-2021.pdf

[34]   FERNÁNDEZ, Fernando M., *Venezuela y el deber de proteger*. Disponible en: https://finanzasdigital.com/2019/03/venezuela-y-el-deber-de-proteger/

[35]   ONU, *Documento Final de la Cumbre de 2005*. Disponible en: http://www. globalr2p.org/media/files/2005-spanish.pdf

prevención de dichos crímenes, incluida la incitación a su comisión, mediante la adopción de las medidas apropiadas y necesarias. Aceptamos esa responsabilidad y convenimos en obrar en consecuencia. La comunidad internacional debe, según proceda, alentar y ayudar a los Estados a ejercer esa responsabilidad y ayudar a las Naciones Unidas a establecer una capacidad de alerta temprana.

deberá adoptar las medidas apropiadas y necesarias. En ese sentido, las medidas de protección a los pueblos y comunidades indígenas venezolanos son inexistentes frente al avasallante desarrollo de la extracción minera del AMO y de las actividades ilícitas de la minería de los garimpeiros, los mineros ilegales y las guerrillas.

Al momento de redactar este reporte se desconoce si existe algún manual o protocolo de debida diligencia oficial que informe y advierta a los agentes del Estado sobre las consecuencias legales e internacionales de cualquier conducta que implique la comisión del crimen de persecución contra miembros de la población civil, en general, y de los pueblos y comunidades indígenas en particular.

No obstante, la publicación en Gaceta Oficial de la LAERCPI[36] oficializa el conocimiento público *erga omnes* de la tipificación el ERCPI al ser parte del derecho positivo vigente en Venezuela, dispositivo legal en el cual se acepta la jurisdicción de la CPI a los efectos internacionales en cuanto a Venezuela se refiere.

El Código Penal,[37] en su artículo 60 dice así:

"Artículo 60: La ignorancia de la ley no excusa ningún delito ni falta."

---

[36] Congreso de la República de Venezuela, *Ley Aprobatoria del Estatuto de Roma de la Corte Penal Internacional*, publicada en la Gaceta Oficial N° 5.507 Extraordinario, de fecha 13 de diciembre de 2000. Disponible en: https://pandectasdigital.blogspot.com/2017/03/estatuto-de-roma-de-la -corte-penal.html

[37] Asamblea Nacional, *Ley de Reforma Parcial del Código Penal*, publicada en la Gaceta Oficial de la República Bolivariana de Venezuela N° 5.763 Extraordinario, de fecha 16 de marzo de 2005, reimpresa en la Gaceta Oficial de la República Bolivariana de Venezuela N° 5.768 Extraordinario de fecha 13 de abril de 2005. Disponible en: https://pandectasdigital.blogspot.com /2017/02/codigo-penal.html

El ERCPI en su artículo 33) 2) dice así:

"Órdenes superiores y disposiciones legales. A los efectos del presente artículo, se entenderá que las órdenes de cometer genocidio o crímenes de lesa humanidad son manifiestamente ilícitas"

139. La comunidad internacional, por medio de las Naciones Unidas, tiene también la responsabilidad de utilizar los medios diplomáticos, humanitarios y otros medios pacíficos apropiados, de conformidad con los Capítulos VI y VIII de la Carta, para ayudar a proteger a las poblaciones del genocidio, los crímenes de guerra, la depuración étnica y los crímenes de lesa humanidad. En este contexto, estamos dispuestos a adoptar medidas colectivas, de manera oportuna y decisiva, por medio del Consejo de Seguridad, de conformidad con la Carta, incluido su Capítulo VII, en cada caso concreto y en colaboración con las organizaciones regionales pertinentes cuando proceda, si los medios pacíficos resultan inadecuados y es evidente que las autoridades nacionales no protegen a su población del genocidio, los crímenes de guerra, la depuración étnica y los crímenes de lesa humanidad. Destacamos la necesidad de que la Asamblea General siga examinando la responsabilidad de proteger a las poblaciones del genocidio, los crímenes de guerra, la depuración étnica y los crímenes de lesa humanidad, así como sus consecuencias, teniendo en cuenta los principios de la Carta y el derecho internacional. También tenemos intención de comprometernos, cuando sea necesario y apropiado, a ayudar a los Estados a crear capacidad para proteger a su población del genocidio, los crímenes de guerra, la depuración étnica y los crímenes de lesa humanidad, y a prestar asistencia a los que se encuentren en situaciones de tensión antes de que estallen las crisis y los conflictos."

De manera subsidiaria, en caso de que algún Estado falle en su deber primordial, la ONU y la comunidad internacional, por medio de las Naciones Unidas, también tienen la responsabilidad de utilizar los medios diplomáticos, humanitarios y otros medios pacíficos apropiados. Allí es donde tiene cabida la competencia jurisdiccional de la CPI, al constatar que el Estado venezolano no tiene la voluntad ni la capacidad de llevar a cabo investigaciones y juzgamiento a los posibles máximos responsables de los ataques a los pueblos y comunidades indígenas. La competencia complementaria de la CPI queda confirmada, entonces, no solo con la firma y ratificación del instrumento, sino con la aprobación de la Asamblea Nacional, mediante el dispositivo de una Ley Aprobatoria de dicho Tratado.

La LAERCPI en su artículo Único, dice así:

"Se aprueba en todas sus partes y para que surta efectos internacionales en cuanto a Venezuela se refiere, el Estatuto de Roma de la Corte Penal Internacional. Concluido en la ciudad de Roma. Italia, el l7 de Julio de 1998."

Por último, de forma residual, el Consejo de seguridad podrá actuar "si los medios pacíficos resultan inadecuados y es evidente que las autoridades nacionales no protegen a su población del genocidio, los crímenes de guerra, la depuración étnica y los crímenes de lesa humanidad.

En conclusión, el Estado venezolano tiene la responsabilidad indiscutible, primordial y soberana de ejercer sus potestades jurídicas en materia preventiva frente a amenazas o perpetración de genocidio,[38] crímenes de lesa humanidad, de guerra y de depuración étnica. No obstante, al no haber hecho lo conducente para ejercer su jurisdicción en la investigaciones y juzgamientos relevantes y genuinos de los hechos comentados en este informe ni contar con la legislación apropiada que se lo permita, con lo cual se demuestra que ni puede ni quiere. Así que, es menester concluir que la CPI está legitimada para ejercer su jurisdicción complementaria sobre los hechos que se subsuman en crímenes de su competencia material.

- *Migración forzada de indígenas en el contexto de la emergencia humanitaria compleja*

La migración forzada indígena desde Venezuela es la mayor de la que se tenga noticia. Para septiembre de 2020 era de más de 5.000 individuos que habían huido hacia Brasil, en búsqueda de refugio, medicinas, techo y comida. Un 65% de ellos eran solicitantes de asilo.[39] En Guyana en 2021 se encontraban unos 2.500 indígenas del Pueblo Warao.[40] En Colombia, para 2021, se estimaban unos 3.891 venezolanos censados en 25 asentamientos indígenas y no indígenas- en Puerto Carreño, en condición de migrantes o desplazados.[41] Mientras todos los países impactados por la migración forzada venezolana reforman su legislación para cumplir con los deberes

---

[38]   FERNÁNDEZ, Fernando M., ¿Qué es genocidio? ACIENPOL, Libro Homenaje a Eugenio Hernández-Bretón. Disponible en: https://urru.org/papers/DDHH/DDHH_2021_varios/202109_Que_es_genocidio _ Fernando_ Fernandez.pdf

[39]   ACNUR, *Informe del ACNUR revela que el 65% de los indígenas venezolanos registrados en Brasil son solicitantes de asilo.* Disponible en: https://www.acnur.org/noticias/noticia/2020/6/5ed942b78e/informe-del-acnur-revela-que-el-65-de-los-indigenas-venezolanos-registrados.html

[40]   ONU, Los indígenas venezolanos asentados en Guyana precisan ayuda humanitaria urgente, alerta ACNUR. Disponible en: https://news.un.org /es/story/2021/11/1500532

[41]   PROVEA, *Migración y Desplazamiento de Poblaciones Indígenas de la Amazonía venezolana hacia Colombia | Informe GRIAM.* Disponible en: https://provea.org/actualidad/derechos-sociales/pueblos-indigenas/migracion-y-desplazamiento-de-poblaciones-indigenas-de-la-amazonia-venezolana-hacia-colombia-informe-griam/

internacionales de proteger a las personas migrantes, el Estado venezolano no ha legislado. Tampoco hay un proyecto de ley en discusión. El precario regreso de venezolanos es nada en comparación con las cifras diarias de la migración: 1.500 personas por día.

La EHC que vive Venezuela ha afectado con mayor dureza a los pueblos y comunidades indígenas que a los criollos urbanos, en la medida en que aquellos han sido más vulnerables a la desnutrición, enfermedades y violencia. Así las cosas, la pauperización causada por la política estatal de expropiaciones y persecución a opositores, unida a la Gran Corrupción han generado un alto impacto en la población que se traduce en 81.5% de pobres y 53.3,6% de pobreza extrema (ENCOVI, 2022)[42] además de causar la migración forzada de 7.177.885 para el 27 de febrero de 2023 según R4V[43] y unos 7.200.000 según la plataforma de la diáspora venezolana.[44] En América Latina se estima que hay 5.960.556 migrantes forzados.

Dice así en ACNUR[45] sobre la crisis migratoria venezolana: "Las personas continúan saliendo de Venezuela para huir de la violencia sistémica, estructural e institucional, la inseguridad, las amenazas, y la falta de alimentos, medicinas y servicios esenciales. Con más de 6 millones de personas refugiadas y migrantes de Venezuela –la mayoría de las cuales vive en países de América Latina y el Caribe–, esta se ha convertido en la segunda crisis de desplazamiento externo de mayor magnitud en el mundo. Mujeres, niñas, niños y hombres

---

[42]   ENCOVI, Encuesta Nacional de Condiciones de Vida, Disponible en: https://assets.website-files.com/5d14c6a5c4ad42a4e794d0f7/636d0009 b0c59ebfd2f24acd_Presentacion%20ENCOVI%202022%20completa.pdf

[43]   Plataforma de Coordinación Interagencial para Refugiados y Migrantes de Venezuela (R4V). REFUGIADOS Y MIGRANTES DE VENEZUELA. Disponible en: https://www.r4v.info/es/refugiadosymigrantes y https://www.r4v.info/

[44]   POLITIKS, *Tomás Páez de Red Global: "Hay 7,2 millones de venezolanos en la diáspora, distribuidos en 90 países y 400 ciudades"*. Disponible en: https://politiks.co/tomas-paez-de-red-global-hay-7-2-millones-de-venezolanos-en-la-diaspora-distribuidos-en-90-paises-y-400-ciudades/#:~:text=Entrevistas-Tom%C3%A1s%20P%C3%A1ez%20de%20Red%20Global%3A%20%E2%80%9CHay%207%2C2%20millones,90%20pa%C3%ADses%20y%20400%20ciudades%E2%80%9D&text=En%20la%20actualidad%2C%20Venezuela%20vive,superada%20por%20la%20crisis%20siria

[45]   ACNUR, *Situación de Venezuela*. Disponible en: https://www.acnur.org/situacion-en-venezuela.html.

salen de Venezuela en dirección a países vecinos y de otras regiones debido a las circunstancias políticas, socioeconómicas y de derechos humanos en su país. Muchas de estas personas llegan asustadas, cansadas y en extrema necesidad de asistencia."

- *Alcance de este informe*

Según los datos obtenidos y el análisis preliminar contenido en este informe, varias de las conductas *in commento* pueden considerarse que se subsumen en algunos de los tipos penales del ERCPI tipificados como crímenes de lesa humanidad de persecución contra una población por su condición étnica, asesinato, encarcelación y esclavitud; más compleja todavía son las hipótesis de exterminio por causa indirecta y graves actos inhumanos que producen de graves sufrimiento físicos y mentales de las víctimas.

Además, hay bases razonables para pensar que podría haberse perpetrado el crimen de genocidio en contra de los pueblos y comunidades indígenas dadas las matanzas a varios de sus lideres defensores ambientales y del territorio. En todo caso, eso sería parte del trabajo de la OFCPI: determinar el tipo penal que corresponde a los hechos en los cuales mueren asesinados miembros de las etnias indígenas venezolanas, entre otras atrocidades, dado que no se trata de delitos comunes susceptibles de ser investigados ni castigados según las leyes ordinarias venezolanas, las cuales no cumplen con los principios de legalidad y de tipicidad penal habida cuenta de que no se ha implementado el ERCPI en la legislación interna. Lo cual, de implementarse, no podría ser aplicado retroactivamente.

El crimen de persecución es el eje que se conecta y atraviesa de forma transversal las demás formas de ataques a los pueblos y comunidades indígenas, lo cual se desarrolla más adelante. No obstante, tales hipótesis deben ser corroboradas en el terreno, por lo que la investigación que realiza la OFCPI es la indicada para efectuar dicha indagación y contrastar con los tipos penales del ERCPI, a los fines de precisar en cual crimen se subsumen, tomando en consideración los criterios jurisprudenciales precedentes. En todos los casos, la complementariedad de la CPI sería aplicable, en virtud de que los hechos se encuentran dentro del ámbito de la competencia temporal, dado que el ERCPI entró en pleno vigor el 1° de julio de 2002 y Venezuela ya lo había suscrito y ratificado para entonces.

De otra parte, se debe incluir en esa investigación que lleva la OFCPI a cabecillas de los grupos irregulares de la delincuencia organizada transnacional, los garimpeiros brasileros, los mineros ilegales colombianos y los de la guerrilla colombiana que actúan en territorios indígenas bajo la mirada aquiescente de Estado venezolano y sus agentes. Es lo que debería ocurrir en circunstancias normales bajo las premisas del Estado de Derecho en Venezuela, el cual no funciona debido a la dependencia que tiene el Poder Judicial del Poder Ejecutivo y el partido de gobierno PSUV, lo cual le signa de incapacidad por falta de independencia judicial. El alcance de este informe no llega a analizar en detalle esta posibilidad, lo cual queda postergado como tarea pendiente para otro estudio especial.

Según las declaraciones de la ex Fiscal ante la CPI Fatou Bensouda[46] y las del actual, Karim Kahn,[47] las investigaciones de la OFCPI parten, al menos, de 2017 en adelante. Pero, en ninguna de sus exposiciones han hablado de los temas relacionados con el AMO y los indígenas. Ello pone sobre el tapete la necesidad de realizar el presente informe, a los fines de visibilizar[48] los actos que constituyen ataques sistemáticos y generalizados como parte de una política del Estado venezolano y de grupos criminales que se han perpetrado en perjuicio de las etnias del Estado Bolívar afectadas por la explotación de oro en el AMO, así como en aquellos otros territorios aledaños. Como asunto de interés, se ha anunciado la apertura de una dependencia de la OFCPI en Venezuela,[49] lo cual contribuirá en la

---

[46] OFCPI, Declaración de la Fiscal de la Corte Penal Internacional, Sra. Fatou Bensouda, sobre la apertura de exámenes preliminares en Filipinas y Venezuela. Disponible en: https://www.icc-cpi.int/Pages/item.aspx?name =180 208-otp-stat&ln=Spanish; consultado el 03 de marzo de 2022.

[47] OFCPI, El Fiscal de la CPI, Sr. Karim AA Khan QC, abre una investigación sobre la Situación en Venezuela y concluye un Memorando de Entendimiento con el Gobierno. Disponible en: https://www.icc-cpi.int/Pages /item.aspx?name=pr1625; consultado el 03 de marzo de 2022.

[48] La frase pueblos y comunidades indígenas no es un "trending" en Google, eso indica cuan invisibles son esas comunidades para las redes sociales. Esa falta de visibilidad es aun mayor en lo referido a sus derechos humanos y los padecimientos que sufren como consecuencia del extractivismo minero.

[49] OFCPI, Declaración del Fiscal de la CPI, Karim AA Khan QC, al término de su segunda visita a Venezuela: "A través de la cooperación aceleraremos nuestro trabajo común hacia la justicia". Disponible en: https://

investigación de los hechos acontecidos en Venezuela y podrá servir de oportunidad para visibilizar los crímenes sufridos por los pueblos y comunidades indígenas de los estados Bolívar, Amazonas y Delta Amacuro.

La ACNUDH realizó sendos informes en 2019[50] y 2020[51] sobre la grave situación y violaciones de los DDHH de los pueblos y comunidades indígenas en las explotaciones mineras de Venezuela, especialmente en el AMO, donde son explotados, sometidos a esclavitud y todo tipo de maltratos, además de ser desplazados de su hábitat. Con la pandemia del COVID 19 la situación de los indígenas migrantes ha empeorado de forma dramática, dado que influyen la xenofobia y el estigma de ser indígenas venezolanos.[52]

En julio de 2022 la ACNUDH[53] informó al CDH que la situación no había mejorado, en estos términos:

"El ACNUDH sigue preocupada por la situación de los derechos humanos en la región del Arco Minero del Orinoco y otras zonas mineras de los estados de Bolívar y Amazonas, incluso dentro de los parques nacionales de Canaima, Caura y

---

www.icc-cpi.int/Pages/item.aspx?name=20220331-prosecutor-statement -venezuela.

[50] PRODAVINCI, *Lea la actualización del informe de Michelle Bachelet sobre los derechos humanos en Venezuela.* Disponible en: https://prodavinci.com /lea-la-actualizacion-del-informe-de-michelle-bachelet-sobre-los-derechos -humanos-en -venezuela/

[51] ACNUDH, Venezuela: Independencia del sistema judicial y acceso a la justicia en la República Bolivariana de Venezuela, también respecto de las violaciones de los derechos económicos y sociales, y situación de los derechos humanos en la región del Arco Minero del Orinoco. Disponible en: https://documents-dds-ny.un.org/doc/UNDOC/GEN/G20/242/34/PDF /G2024234.pdf?OpenElement

[52] R4V, *Impacto de la COVID 19 en personas refugiadas y migrantes venezolanas.* Disponible en: https://www.r4v.info/sites/default/files/2021-10/R4V_ WEB%20Version.pdf

[53] ACNUDH, Situación de los derechos humanos en la República Bolivariana de Venezuela. Informe de la Alta Comisionada de las Naciones Unidas para los Derechos Humanos. Disponible en: https://reliefweb.int /report/venezuela-bolivarian-republic/situation-human-rights-bolivarian -republic-venezuela-report-united-nations-high-commissioner-human -rights-ahrc5059-advance-unedited-version

Yapakana y territorios indígenas. Se registraron denuncias de enfrentamientos entre grupos armados no estatales y bandas criminales por el control de sitios mineros, así como el impacto humanitario de la minería en la población local. El ACNUDH recibió informes sobre la situación del pueblo indígena Samena, que fue parcialmente desplazado internamente debido a la violencia por el control de las minas en su territorio en febrero de 2022. Además, persistió el uso de mercurio y cianuro en las minas de oro con afectaciones a los ríos, la principal fuente de agua para la población de la región. La Oficina también registró denuncias del uso sistemático del trabajo infantil, explotación sexual y trata de personas en minas de oro. Las autoridades competentes deben ejercer la debida diligencia y tomar acción inmediata para prevenir y mitigar el riesgo de violaciones de los derechos humanos y abusos previsibles en el Arco Minero del Orinoco por parte de actores no estatales, investigar y sancionar a los perpetradores en procedimientos legales justos y reparar el daño de las víctimas. Las autoridades también deben concluir sin demora la demarcación y legalización de los territorios indígenas, de conformidad con las normas internacionales, en particular garantizando en todas las etapas la consulta inclusiva y significativa con los pueblos indígenas y su consentimiento libre, previo e informado."[54]

La OFCPI podría llegar a la conclusión de que los hechos no son subsumibles en los tipos penales tipificado en el ERCPI y que, en consecuencia, no son de su competencia. Ello podría ser una afirmación derivada de su investigación en el terreno. Pero, de acuerdo con el análisis de este reporte, tal hipótesis es remota.

En un estudio aparte y complementario al presente, se deberá incluir los aspectos constitucionales relacionados con los derechos ambientales; así como lo atinente al uso de las fuerzas armadas en tareas distintas y contradictorias con su misión constitucional, las cuales están participando de manera activa en la perpetración de los hechos provenientes de la extracción y la minería ilegal. Otro estudio que queda pendiente es el de la condición de víctimas de las mujeres,

---

[54] Convenio 169 de la OIT y la Declaración de las Naciones Unidas sobre los Derechos de los Pueblos Indígenas. Disponible en: https://www.ilo.org/wcmsp5/groups/public/---americas/---ro-lima/documents/publication/wcms_345065.pdf

niñas y niños pertenecientes a los pueblos y comunidades indígenas, lo que requiere un abordaje especializado más profundo.

Finalmente, El ERCPI establece que los jefes o superiores, en su calidad de posibles máximos responsables de los hechos, deben responder penalmente por los posibles ataques que se subsuman en los tipos penales de su texto, cuando la CPI asuma de forma complementaria la jurisdicción para que se investiguen los hechos y se castigue a los criminales. Hay jurisprudencia uniforme y pacífica en ese aspecto. Para ello se debe constatar que el Estado concernido no puede o no quiere realizar la investigación, procesamiento y juicio. Eso es lo que ocurre en Venezuela: no existe indicio alguno de una voluntad de la nomenclatura estatal ni capacidad institucional o legal que lo facilite o permita. No obstante, los tribunales penales ordinarios podrían procesar los delitos comunes, de delincuencia organizada y ambientales, pero nada de eso ocurre. Por ser este un tema multifactorial y complejo, deberá abordarse en un estudio aparte.

- *La Gran Corrupción[55] como motor de la crisis humanitaria. Impacto en los pueblos y comunidades indígenas*

La Gran Corrupción es la causante de las masivas violaciones de derechos ESCA en la medida en que se ha mermado el patrimonio público y el dinero líquido para que el Estado pueda cumplir con los servicios públicos más básicos como agua potable, electricidad, alimentación, medicinas, prestaciones laborales y sociales de pensionados, así como pagar salarios y remuneraciones decentes a los maestros, policías, bomberos, médicos, enfermeras y demás servidores públicos. Esa Gran Corrupción esta regentada por un conglomerado criminal, que puede ser denominado "cleptocracia"[56] o sistema

---

[55] "Nivel alto o "gran" corrupción sucede en la formulación de políticas. Se refiere no tanto a la suma de dinero involucrada como al nivel donde ocurre - donde las políticas y reglas pueden ser influenciadas injustamente. El tipo de transacciones que atraen las corrupciones grandes son usualmente a escalas cuantiosas – y por lo tanto involucran más dinero que una corrupción "pequeña". Una corrupción grande a veces es sinónimo de corrupción política, refiriéndose a una corrupción implicada en financiamientos de partidos y campañas políticas." En: UNESCO, *Gran Corrupción.* Disponible en: https://etico.iiep.unesco.org/es/gran-corrupcion

[56] Diccionario de la real Academia Española, Cleptocracia. Disponible en: https://dle.rae.es/cleptocracia?m=form. Ver también: Economipedia,

de gobierno en el que prima el interés por el enriquecimiento propio a costa de los bienes públicos.

Como es notorio, no ha cesado la Gran Corrupción imperante en el país que ha dilapidado los ingentes recursos de la explotación petrolera de la época de la bonanza de altos precios. Eso ha hecho que los exiguos gastos que se realizaban en materia de salud y educación para los pueblos y comunidades indígenas se hayan esfumado. Lo que caracteriza a estos nativos es la penuria, sobre todo al salir de su hábitat por las presiones del contexto. Como parte del contexto, hay señalamientos respaldados en evaluación de los hechos que indican que existe una fiebre del oro (Transparencia Venezuela, 2022)[57] y que se trata de minerales de sangre (Fernández, 2015)[58] dentro de lo que se ha llamado un sistema de botín o *spoils system* (Fernández, 2018).[59] El sector académico se ha pronunciado sobre la inconstitucionalidad del AMO (ACIENPOL, 2020).[60]

También, se han hecho profundos estudios sobre el flujo del mercado ilícito del oro por causa de la intervención del Estado, los militares, l guerrilla colombiana, los mineros ilegales, el "pranato", los "sindicatos", las PEP (OCDE, 2021).[61]

Dice así la OCDE acerca de las PEP y los militares:

Cleptocracia. Disponible en: https://economipedia.com/definiciones/cleptocracia.html

[57] El País, *La fiebre del oro arrasa la Amazonia venezolana.* Disponible en: https://elpais.com/internacional/2019/09/01/actualidad/1567289913_017377.html; consultado el 18 de junio de 2022.

[58] FERNANDEZ, Fernando M., Materiales de Sangre. *La extracción, tráfico y contrabando de materiales estratégicos (oro, diamantes, coltán y gasolina) en Venezuela.* Su impacto en otros países de América Latina. Disponible en: https://observatoriodot.org.ve/materiales-de-sangre/

[59] FERNANDEZ, Fernando M., *Estado como botín. Crónicas del despojo del patrimonio publico y privado en Venezuela.* Paz Activa, 2017. Disponible en: https://issuu.com/asociacioncivilpazactiva/docs/elestadocomobot__n

[60] ACIENPOL, *Minería ilegal en el escudo de la Guayana venezolana.* Disponible en: https://www.youtube.com/watch?v=zEskh2Q7_IU&t=9s

[61] OCDE 2021, *Flujos de oro desde Venezuela, Apoyo a la diligencia debida sobre la producción y el comercio de oro en Venezuela.* Disponible en: https://www.oecd.org/corporate/mne/flujos-de-oro-desde-Venezuela-apoyo-a-la-diligencia-debida-en-la-produccion-y-comercio-de-oro.pdf

"Una parte del oro recolectado por militares y funcionarios estatales y locales también pasa, a través de redes logísticas militares, a bases cercanas a Caracas (VEN-cso-l-110321). Las minas más productivas a menudo se ven obligadas a vender su producción directamente a representantes de las PEP (Delgado, 2019). Según diversas fuentes, algunas de las vacunas y otras tajadas tomadas por los funcionarios ingresan en flujos dispersos, saliendo de Venezuela por diversas vías para el enriquecimiento personal de los funcionarios."[62]

Como parte sustancial de la sustentabilidad de la cleptocracia y la Gran Corrupción que se observa en Venezuela y, en particular, respecto del AMO y zonas contiguas, se ha creado una política de dar dádivas[63] y sobornos masivos y recurrentes a los indígenas, con fines clientelares y de control político. Ello está en la base de una indetenible y violenta transculturización conducida desde el Estado venezolano en el proceso de legitimar el AMO y hacerlo aceptable

para los pueblos y comunidades indígenas. Por supuesto, también como instrumento de la propaganda que sirve para la legitimación e impunidad de tales actos.

Otro asunto ligado de forma concurrente es la presencia comprobada de grupos poderosos de la delincuencia organizada, las guerrillas colombianas, garimpeiros y mineros ilegales. Tema delicado que, junto con la Gran Corrupción y la cleptocracia alimentadas con el AMO, amerita un análisis posterior que complemente el presente reporte.

- *Desprotección legal y material sobre genocidio y crímenes de lesa humanidad en Venezuela*

Venezuela no ha tipificado el crimen de genocidio, a pesar de ser parte de la Convención para la Prevención y el Castigo del Crimen de Genocidio de desde 1960.[64] Esta circunstancia deja en total

---

[62] OCDE, ob. cit. p. 17.

[63] GUTIÉRREZ, Erick, *Desafíos de la justicia indígena en Venezuela: el caso Sabino Romero*. Disponible en: http://biblioteca.clacso.edu.ar/clacso /becas/201511 23114435/3.pdf.

[64] ONU Treaty Collections, *Convention on the Prevention and Punishment of the Crime of Genocide*. Disponible en: https://treaties.un.org/pages/View Details. aspx?src=IND&mtdsg_no=IV-1&chapter=4&clang=_en#EndDec

desamparo a las etnias aborígenes frente a la amenaza de posibles ataques genocidas. Las cuales sufren, desde los tiempos de la colonia de discriminación, marginación, estereotipos culturales, prejuicios, estigmatización y hostilidad constantes por causa de las actividades extractivas, madereras, caucheras que han desarrollado los criollos. Ello se ha traducido en condiciones que incitarían a potenciales matanzas que podrían conducir a su exterminio, debido a su etnia.

Venezuela tampoco a tipificado los crímenes de lesa humanidad a pesar de ser signatario desde el año 1998 y haberlo ratificado en 2000,[65] siendo el primer país de América latina en hacerlo y el 11° del mundo. Este vacío legislativo evidencia el alto riesgo y vulnerabilidad que tienen los pueblos y comunidades indígenas de ser víctimas del crimen de persecución y el de asesinato, entre otros, como parte de los actos y políticas producidos por las políticas del Estado y de grupos que se dediquen a la minería ilegal, los cuales se suelen producir de forma sistemática y generalizada en contra de la población indígena.

En consecuencia, el Estado venezolano carece de capacidad legal, material y funcional para investigar y juzgar los posibles crímenes de genocidio o de lesa humanidad que pudieron ser perpetrados en territorio venezolano contra miembros de los pueblos y comunidades indígenas, según los estándares del ERCPI. Ello indica que solo la OFCPI podrá investigar tales hechos y solo la CPI podría juzgarlos.

Es evidente que, a pesar de las normas constitucionales sobre los derechos humanos de los pueblos y comunidades indígenas y la aprobación de múltiples tratados internacionales por parte del Estado venezolano, el GN y las demás autoridades no han sido capaces de brindar las garantías materiales de existencia de las diferentes etnias, en especial, de las que están inmersas en el territorio del AMO. Peor aún, al ser autores directos de esos actos atroces, mal podrían auto investigarse y castigarse por sus desmanes. En conclusión, ello pone en evidencia la total indefensión jurídica y material de los pueblos y comunidades indígenas, así como de cada individuo de cualquiera de las etnias venezolanas frente a posibles actos que constituyan esas atrocidades.

---

[65] ONU, Treaty Collections, *Estatuto de Roma de la Corte Penal Internacional.* Disponible en: https://treaties.un.org/pages/ViewDetails.aspx?src=IND &mtdsg_no=XVIII-10&chapter=18&clang=_en

- *El mito de El Dorado como antecedente histórico e impronta cultural*

La leyenda de El Dorado[66] ha sido una constante en la historia y cultura de Venezuela que ha modelado la conducta de los venezolanos desde los tiempos de la conquista española hasta la actualidad. Desde entonces, los indígenas han sufrido los ataques indiscriminados de quienes se han contagiado de la "fiebre del oro." Ello ocasionó una gran depredación del territorio por la voracidad y saqueo de los conquistadores españoles y tuvo un impacto peor en las comunidades indígenas de la selva amazónica, en términos de haber diezmado su población. Los indígenas de la selva venezolana han sido víctimas de los buscadores de oro desde hace más de 500 años. Lo paradójico es que, hoy en día, es el Estado quien les victimiza en ligar de protegerles y garantizarles sus DDHH como es su deber constitucional.

El AMO se inserta en esta impronta histórica de más de 500 años en el imaginario de los venezolanos, pero con una diferencia: es el Estado el promotor de esta fantasía delirante. Esto se ve reflejado en palabras del Padre Luis Ugalde (2018):[67] "Carlos V de Alemania, fuertemente endeudado con sus banqueros centroeuropeos, se le ocurrió que lo mejor era pagarles con el territorio de Tierra Firme que iba de Maracapana al Cabo de La Vela con ilimitados y abiertos horizontes hacia el Sur. Como si les dijera: tomen el territorio de Tierra Firme, busquen y exploten sus riquezas mineras. Quinientos años en búsqueda del fabuloso Dorado. Ahora esa Venezuela agoniza tras el monumental y estrepitoso fracaso de sus ilusiones, pero, en una nueva locura, quieren resucitarla con el Arco Minero Guayanés para el pago ilusorio de la inmensa deuda de este gobierno arruinado… En la actual encrucijada de esta Venezuela doradista arruinada y agonizante, algunos se empeñan en levantar el mito del regreso a la prosperidad con poder militar y Arco Minero del Orinoco, compendio de corrupción, delincuencia y crimen

---

[66] Fundación Polar, *El mito de El Dorado, Diccionario de Historia de Venezuela*. Disponible en: https://bibliofep.fundacionempresaspolar.org/dhv/entradas/e/el-dorado-mito-de/

[67] UGALDE, Luis, *MITO, ILUSIONES Y MISERIA DE EL DORADO*, Discurso de incorporación como Miembro de la Academia de la Historia. Disponible en: https://elucabista.com/2018/01/31/mito-ilusiones-miseria-dorado/

contra el medio ambiente, repitiendo y agravando los errores trágicamente avalados por la historia minero-rentista. El Arco Minero del Orinoco y toda la delincuencia que la rodea, tiene más capacidad destructiva de la naturaleza y de corrupción que todo lo que hayamos visto en los siglos anteriores."

Al parecer, el ánimo de lucro es el motor de la persecución y los otros crímenes que ocurren actualmente en el AMO y territorios vecinos. Es la raíz de todos los males. Se trata de obtener un nuevo negocio altamente lucrativo y de mantener los que ya se tenían antes del AMO. Para darse una idea, el precio del oro es de US$ 1,925.60 la onza.[68] En tal sentido, los pueblos y comunidades indígenas constituyen el principal obstáculo para la codicia de los diferentes actores y los beneficiarios de la extracción minera. Además, ese ánimo lucrativo se entremezcla y realimenta con los prejuicios ancestrales en contra de los indígenas por su condición étnica

En fin, lo que no pudieron 500 años de depredación por la conquista y la búsqueda desenfrenada de El Dorado, la guerra feroz de independencia, la guerra fratricida federal, las dictaduras caudillistas y sus guerrillas constantes, así como la inepta democracia y sus débiles políticas indigenistas podría ser una realidad fáctica: la extinción de los pueblos y comunidades indígenas al desaparecer su hábitat por causa del AMO y la minería ilegal realizada por garimpeiros y fuerzas irregulares toleradas por el Estado venezolano.

- *CAMIMPEG y otras empresas militares*

La persecución y otros actos criminales contra la población indígena comentados en este informe han acontecido, al menos desde 2016, cuando se crea la empresa mercantil del Estado venezolano llamada Compañía Anónima Militar de Industrias Mineras, Petrolíferas y de Gas, conocida por sus siglas CAMIMPEG,[69] cuya

---

[68]   INVERSORO, *Precio internacional del oro en dólares*. Disponible en: https://www.inversoro.es/precio-del-oro/precio-internacional-oro-dolares/

[69]   Asamblea Nacional, Gaceta Oficial # 40.845 de fecha 10 de febrero de 2016, que crea la Compañía Anónima Militar de Industrias Mineras, Petrolíferas y de Gas ("CAMIMPEG"). Disponible en https://pandectasdigital.blogspot.com/2016/02/gaceta-oficial-de-la-republica_11.html.

administración y gerencia las realizan las FANB[70] y cuya máxima autoridad es el Presidente de la República, en su calidad de Comandante en Jefe de la FANB lo cual la desvía de su tarea fundamental: la defensa militar del país. Esta corporación estatal controla en su totalidad el monopolio de la extracción de todo tipo de minerales estratégicos; tiene la estructura de una empresa mercantil y se rige por el Código de Comercio, el Código Civil y las leyes de Derecho Público, pero sus directores y gerentes son, exclusivamente, miembros de las FANB, tal como lo evidencia su Acta Constitutiva de fecha 17 de mayo de 2016.[71]

A la actividad propia del AMO y CAMIMPEG, se suman las diferentes actividades desarrolladas por las empresas mixtas que actúan en sociedad mayoritaria del Estado venezolano, mediante la Corporación Venezolana de Minería S.A.,[72] también conocida por sus siglas "CVM". Adicionalmente, las FANB han creado una nueva empresa para la explotación forestal llamada Empresa Militar para el Aprovechamiento Sustentable de Productos Forestales y Recursos Naturales, S.A., ("EMASPROFORN"),[73] con lo cual suman una nueva actividad relacionada con el AMO al comercializar la madera de los árboles derribados para realizar la extracción de oro y otros

---

[70] A pesar de que la CRBV solo menciona a las Fuerzas Armadas Nacionales o "FAN", durante el gobierno de Hugo Chávez se ha agregado el adjetivo "bolivariana" de conformidad con su programa político. Así las cosas, se ha normalizado esa anomalía y se escribe el acrónimo "FANB" en lugar de FAN, sin que sea un término válido desde el punto de vista constitucional.

[71] MPPD, RESOLUCIÓN # 014250 de fecha 17 de mayo de 2016, publicada en Gaceta Oficial # 428.181 de fecha 02 de junio de 2016. Disponible en https://www.cpzulia.org/ARCHIVOS/MINDEFENSA_Resoluciones _Acta_Constitutiva_CAMIMPEG_02_06_16.pdf.

[72] MPPDME, *Modificación del Acta Constitutiva Estatutaria de la Corporación Venezolana de Minería, S.A.* Gaceta Oficial # 41.000 publicada en fecha 30 de septiembre de 2016. Disponible en: https://pandectasdigital.blogspot. com /2016/10/gaceta-oficial-de-la-republica_4.html.

[73] Presidencia de la República, *Decreto N° 4.393, mediante el cual se autoriza la creación de una Empresa del Estado, bajo la forma de sociedad anónima, la cual se denominará Empresa Militar para el Aprovechamiento Sustentable de Productos Forestales y Recursos Naturales, S.A., (EMASPROFORN), la cual estará adscrita al Ministerio del Poder Popular para la Defensa.* Publicado en Gaceta Oficial # 42.034 del 22 de diciembre de 2020. Disponible en: https:// pandectasdigital.blogspot.com/2021/01/gaceta-oficial-de-la-republica_95. html.

minerales. Por si fuera poco, se creó el servicio desconcentrado para la gestión y administración de las zonas económicas especiales militares de carácter industrial y productivo de la Fuerza Armada Nacional Bolivariana ("SEDEZEEMFANB"). Además, el GN creó dos zonas económicas especiales militares que incrementan el conglomerado de empresas militares adscritas al MPPD. Una zona especial en el Estado Aragua[74] y otra que abarca territorios de los Estados Bolívar y Delta Amacuro.[75] Adicionalmente, el llamado Plan Minero Tricolor se extiende a todo el país en una carrera desenfrenada para extraer minerales convertibles en divisas.[76]

Antes de la creación del CAMIMPEG y de la política estatal de extracción de los minerales estratégicos y, en particular del oro, existían gravísimos problemas que califican como "materiales de sangre" (Fernández, 2015),[77] derivados de la extracción ilegal y el contrabando de las materias primas por parte de los garimpeiros, grupos irregulares armados, la delincuencia organizada y una extensa red de corrupción, conocida y tolerada por el Estado y conocida por la GNB. Es con esta nueva corporación militar creada por el GN cuando el problema de la persecución y otros crímenes se profundiza, agrava y extiende a otros componentes de la FANB, como el ejército y la armada.

---

[74]   Presidencia de la República, Decreto N° 4.391, mediante el cual se crea la Zona Económica Especial Militar N° 1 (ZEEM N° 1) del estado Aragua. Publicado en Gaceta Oficial # 42.034 del 22 de diciembre de 2020. Disponible en: https://pandectasdigital.blogspot.com/2021/01/gaceta-oficial-de-la-republica_95.html.

[75]   Presidencia de la República, Decreto N° 4.392, mediante el cual se crea la Zona Económica Especial Militar de Desarrollo Forestal "ZEEMDEF". Publicado en Gaceta Oficial # 42.034 del 22 de diciembre de 2020. Disponible en: https://pandectasdigital.blogspot.com/2021/01/gaceta-oficial-de-la-republica_95.html

[76]   MPPDE, Presidente Nicolás Maduro aprobó entrega de una mina de oro "Productiva a cada Gobernación Bolivariana". Disponible en: http://www.desarrollominero.gob.ve/tag/plan-minero-tricolor/

[77]   FERNÁNDEZ, Fernando M., *Materiales de sangre: La extracción, tráfico y contrabando de materiales estratégicos (oro, diamantes, coltán y gasolina) en Venezuela. Su impacto en otros países de América Latina.* Disponible en: https://issuu.com/asociacioncivilpazactiva/docs/odomanual3-mineria-web

La administración del AMO es controlada total y exclusivamente por la FANB.[78] Se trata de una situación de anomia constitucional no prevista ni autorizada por la CRBV; la extracción minera no es materia de su competencia, tal como se concluye de lo expresado en el artículo 328 constitucional: "La Fuerza Armada Nacional constituye una institución esencialmente profesional, sin militancia política, organizada por el Estado para garantizar la independencia y soberanía de la Nación y asegurar la integridad del espacio geográfico, mediante la defensa militar, la cooperación en el mantenimiento del orden interno y la participación activa en el desarrollo nacional, de acuerdo con esta Constitución y la ley. En el cumplimiento de sus funciones, está al servicio exclusivo de la Nación y en ningún caso al de persona o parcialidad política alguna. Sus pilares fundamentales son la disciplina, la obediencia y la subordinación. La Fuerza Armada Nacional está integrada por el Ejército, la Armada, la Aviación y la Guardia Nacional, que funcionan de manera integral dentro del marco de su competencia para el cumplimiento de su misión, con un régimen de seguridad social integral propio, según lo establezca su respectiva ley orgánica."

También, se trata de una situación anómala y extraña a la institución castrense y la formación profesional, por cuanto los estudios y la carrera militar no incluyen, que se sepa públicamente, conocimientos relacionados con la actividad empresarial ni con la extractiva ni los negocios mercantiles derivados de ella. La ONG Control Ciudadano ha monitoreado esta irregular orientación del GN al ubicar 44 grandes corporaciones exclusivamente militares, entre empresas mercantiles militares, órganos desconcentrados, entes descentralizados, institutos autónomos, empresas del Estado, fundaciones y asociaciones civiles, adscritas todas al Ministerio del Poder Popular para la Defensa. Con lo cual se puede hablar de un conglomerado exclusivamente castrense, algo particularmente

---

[78] Presidencia de la República, Decreto N° 2.231 mediante el cual se autoriza la creación de una Empresa del Estado, bajo la forma de Compañía Anónima, que se denominará Compañía Anónima Militar de Industrias Mineras, Petrolíferas y de Gas (CAMIMPEG), la cual estará adscrita al Ministerio del Poder Popular para la Defensa. Disponible en: http://spgoin. imprentanacional.gob.ve/cgi-win/be_alex.cgi?Acceso=1028700000597/ 0&Nombrebd=spgoin&sesion =1885900713

contrastante con la enorme crisis económica de tipo estructural que arrastra el país desde 2012,[79] al menos, según han identificado académicos reconocidos.

Sin embargo, de acuerdo con el diseño establecido por el GN en el dualismo estatal, ha sido el de (i) ideologizar a los militares mediante su adscripción a la doctrina política y militar del GN; (ii) militarizar el Estado por medio del control de instituciones básicas como la policía, el Poder Legislativo y el Poder Judicial; y (iii) militarizar la sociedad y la economía al controlar la minería y la educación básica y media. En tal sentido apunta la militarización de la minería, entre otros asuntos, como la seguridad ciudadana y las policías (Fernández, 2021).[80]

Así las cosas, la inconstitucionalidad del AMO se ve agravada por el hecho de que sus administradores son personas impreparadas profesionalmente para esas funciones.

En conclusión, la militarización y estatización de la extracción minera en el AMO y las iniciativas como el Plan Minero Tricolor, en lugar de solucionar los gravísimos problemas previos ocasionados por la minería ilegal los ha agravado de forma exponencial al participar los distintos componentes de la FANB en la actividad minera. Además, la extracción delictiva de materiales continua en manos de los llamados "sindicatos mineros" los cuales son grupos de delincuencia organizada, así como de grupos irregulares de la guerrilla del ELN y las disidencias de las FARC.[81]

---

[79] UCAB, Coordinador Ronald Balza, *Venezuela 2015. Economía, política y sociedad*. Disponible en: http://w2.ucab.edu.ve/tl_files/Publicaciones/VENEZUELA-2015.Economia%20,%20Politica%20y%20Sociedad%20%20.pdf

[80] FERNÁNDEZ, Fernando M., "Militarización y politización de las policías en Venezuela. Sus efectos sobre la represión y el crimen de persecución en Venezuela a la luz de la Situación I bajo examen preliminar de la Fiscalía ante la CPI". En *Libro Homenaje a Pedro Nikken*, Tomo II. pp. 1047 a 1095. Disponible en: https://www.acienpol.org.ve/wp-content/uploads/2021/08/NIKKEN-TOMO-II.pdf.

[81] Insight Crime, *La voracidad de la minería ilegal se sigue abriendo paso en Venezuela*. Disponible en: https://es.insightcrime.org/noticias/analisis/hambre-minera-eln-venezuela/

- *Creación del Arco Minero del Orinoco y el monopolio empresarial militar*

El AMO fue creado en fecha 24 de febrero de 2016.[82] Es el proyecto económico del GN que más ha lesionado el ambiente e impactado de forma catastrófica a la población indígena venezolana del cual se tenga noticia desde la colonia hasta nuestros días. La superficie afectada por el AMO es de 111.843,70 km2,[83] lo cual equivale al 12% del territorio nacional y es de un tamaño mayor que 92 países[84] como, por ejemplo, Cuba, Países Bajos, Dinamarca, Suiza, Bélgica, Haití, Ruanda, Israel, etc. Sin embargo, los efectos nocivos del AMO no se circunscriban a este extenso territorio: también se irradian a los estados y países vecinos; así, los indígenas que se desplazan desde el estado Bolívar pueden llegar a distintas ciudades e, incluso, llegar

a Brasil, Guyana y Colombia, en busca de un nuevo sitio donde subsistir precariamente en condiciones de marginación extrema y bajísimas posibilidades de supervivencia.

Formalmente, el Estado venezolano es el único que explota el AMO; se trata de un monopolio controlado en su totalidad por la FANB, la cual cuida celosamente de las actividades privadas tradicionales, a las cuales califica de saqueadoras y destructivas, sin reflexión alguna sobre la conducta propia, sus efectos y su responsabilidad por ello. Las empresas mixtas[85] y los militares dedicados a la extracción de minerales forman parte del Estado venezolano. En tal sentido, la responsabilidad estatal y de sus agentes es del 100% en materia del impacto sobre el ambiente y los pueblos y comunidades indígenas, tanto en lo que se refiera a la expoliación de los recursos, como en lo relativo a la destrucción ocasionada. Ello vale también para los desarrollos de pequeña y mediana minería, la cual actúa

---

[82] Presidencia de la República, *Decreto de Creación de la Zona de Desarrollo Estratégico Nacional "Arco Minero del Orinoco"*. Publicado el 24 de febrero de 2016 Número 40.855. Disponible en: https://app.box.com/s/tcaibjmy twek61v97c4n 51m8kcwtl0pg.

[83] MPPDME, *Arco Minero del Orinoco (AMO): un modelo de minería responsable*. Disponible en: http://www.desarrollominero.gob.ve/zona-de-desarrollo-estrategico-nacional-arco-minero-del-orinoco/

[84] Países del mundo ordenados por superficie. Disponible en: https://www.saberespractico.com/curiosidades/paises-por-superficie/

[85] Estas son las empresas que operarán en el Arco Minero. Disponible en: https://www.youtube.com/watch?v=VLhKw7qjPeg

bajo la autorización y supervisión gubernamental. No obstante, el Estado venezolano y sus empresas están exonerados de cumplir son sus leyes, al no ser responsables en lo penal, civil ni administrativo. Adicionalmente, la minería ilegal se ha extendido en bajo la aquiescencia del Estado y las FANB.

Con el AMO hay una diversificación del extractivismo (Ruiz, 2018)[86] característico de la economía petrolera venezolana con un alcance exponencial debido a la minería incentivada por el GN (PROVEA y otros, 2015),[87] también identificada como una economía destructiva (Uslar Pietri, 1936)[88] que vive del rentismo petrolero (Briceño León).[89] Se ha incumplido con el marco constitucional y la legislación técnica ambiental (ULA, 2017).[90]

El AMO ha puesto en peligro el sistema ecológico en grado extremo, entre otros temas, por el uso indiscriminado del mercurio en la explotación aurífera (SOS Orinoco, 2021).[91] Eso indica que se está cometiendo un ecocidio en gran escala con impacto directo devastador en la población aborigen venezolana y, también, globalmente. Aun cuando el ecocidio no está tipificado como crimen en el ERCPI, hay sólidas iniciativas para que se le considere como una atrocidad a ser incluida en su texto como crimen de lesa humanidad, en la medida en que la destrucción masiva de los ecosistemas naturales impacta los suelos, los bosques, el clima y la vida en todas sus manifestaciones, especialmente, la humana. El mercurio y el cianuro están

86   RUIZ, Francisco, *El Arco Minero del Orinoco. Diversificación del extractivismo y nuevos regímenes biopolíticos*. Disponible en: https://nuso.org/articulo/el-arco-minero-del-orinoco/

87   PROVEA y otros, *Extractivismo en Venezuela: Las venas siguen abiertas*. Disponible en: https://www.youtube.com/watch?v=qzyNHeTQ_5A.

88   USLAR PIETRI, Arturo, *Sembrar el petróleo*, Diario Ahora. Disponible en: https://camaradecaracas.com/cronicas-de-la-ciudad/sembrar-el-petroleo/

89   BRICEÑO LEÓN, Roberto, *Los efectos perversos del petróleo*. Editorial El Nacional. Caracas, 2015.

90   Universidad de los Andes, La ULA se pronuncia ante el decreto de creación del Arco Minero del Orinoco. Disponible en: http://prensa.ula.ve/2017/10/27/la-ula-se-pronuncia-ante-el-decreto-de-creaci%C3%B3n-del-arco-minero-del-orinoco

91   SOS Orinoco, *El mercurio y la minería en la Guayana venezolana: Un daño incompensable*. Disponible en: https://sosorinoco.org/es/informes/el-mercurio-y-la-mineria-en-la-guyana-venezolana-un-dano-incompensable/

envenenado lo suelos y los ríos. La iniciativa de tipificar el ecocidio[92] como el 5° crimen se está discutiendo en el seno de la Asamblea de Estados Partes del ERCPI. El impacto ambiental derivado del AMO deberá analizarse más profundamente en otro estudio complementario del presente, especialmente, en lo concerniente al ecocidio, considerado esto como el gran desafío de la humanidad.

Hasta ahora, la empresas militares venezolanas que participan del negocio extractivo de minerales estratégicos no se acoplan a los estándares internacionales fijados por le ONU sobre los principios rectores para las empresas y derechos humanos.[93] También incumplen con los Objetivos del Desarrollo Sostenible (ODS) en la Agenda Mundial 2030 de las Naciones Unidas.[94] De paso, tampoco se inscriben dentro de la agrupación EITI integrada por el grupo empresas extractivas que formulan los estándares sobre buenas prácticas en minería, para lo cual han dispuesto de un sólido Código de Ética,[95] para lo cual se combate la corrupción[96] y el soborno transnacional.[97] El asunto militar y su impacto en la minería del AMO y las ilegalidades presentes en la Amazonía venezolana requiere un estudio más profundo que complemente el presente reporte.

---

[92] FUNDACIÓN STOP ECOCIDIO, *Panel de Expertos Independientes encargado de la definición de ecocidio COMENTARIO ACERCA DE LA DEFINICIÓN.* Disponible en: https://static1.squarespace.com/static/5dc6872e31b7714 fd3f72993/t/60e2c4c688831b70af69dd72/1625474256977/SE+Foundation +Commentary+and+core+text+ES+rev3.pdf

[93] ONU, PRINCIPIOS RECTORES SOBRE LAS EMPRESAS Y LOS DERECHOS HUMANOS. Disponible en: https://www.ohchr.org/sites/default /files/documents/publications/guidingprinciplesbusinesshr_sp. pdf

[94] ONU, *La Agenda para el Desarrollo Sostenible.* Disponible en: https://www. un.org/sustainabledevelopment/es/development-agenda/

[95] EITI, *Código de Conducta de la Asociación EITI.* Disponible en; https:// eiti.org/documents/eiti-association-code-conduct .

[96] Department of Justice, *Glencore se declaró culpable de esquemas de manipulación del mercado y soborno en el extranjero. Empresa con sede en Suiza acuerda pagar más de $ 1.1 mil millones.* Disponible en: https://www.justice. gov/opa/pr/glencore-entered-guilty-pleas-foreign-bribery-and-market-manipulation-schemes.

[97] EITI, Declaración de la Presidenta del Consejo EITI sobre el caso de soborno de Glencore Declaración a cargo de la Muy Honorable Helen Clark. Disponible en: https://eiti.org/es/news/declaracion-de-la-presidenta-del-consejo-eiti-sobre-el-caso-de-soborno-de-glencore

- *Irregularidades y opacidad en la explotación minera del AMO*

El AMO carece de bases, estimaciones científicas y técnicas en materia de avaluación del impacto ambiental. Tampoco se basa en una evaluación del impacto sociocultural y humano que se conozca de forma abierta y que sea expuesta de manera científica y trasparente. Hasta ahora, esos estudios no se han realizado ni se conocen en fuente de información alguna.

También esta falto de información acerca de los estudios de impacto ambiental y sociocultural que deberían presentar los concesionarios de la pequeña, mediana y gran minería, mediante las empresas mixtas en las que el Estado es propietario del 55% de las acciones. Se desconoce que haya procedimientos de licitación abiertos o que se hayan realizado de forma pública y competitiva.

Se ignora si estas empresas mixtas[98] han operado respetuosamente de los derechos de los pueblos y comunidades indígenas y el ambiente luego de una evaluación de los términos de referencia (TDR) establecido de forma oficial. Los cuales, por cierto, no mencionan a los pueblos y comunidades indígenas, solo especifican de forma marginal a "indígenas trabajadores" en proyecto de pequeña minería.[99]

En fin, la falta de transparencia de todo lo que está ligado al AMO impide saber más. La LAB está en el fondo de todo al considerar como secreto de Estado la información y permitir, de paso, la desaplicación de normas y regulaciones vigentes; en tal sentido la inaplicación de los TDR y de la CRBV, la LPA y leyes ambientales puede tener una explicación en ello.

---

[98]   MPPDME, *Inversiones en el Arco Minero del Orinoco.* Disponible en: http://www.desarrollominero.gob.ve/inversiones-en-el-amo-2/

[99]   MPPDME, *TÉRMINOS DE REFERENCIA PARA LA PRESENTACIÓN DE PROYECTOS DE EXPLORACIÓN Y EXPLOTACIÓN EN EL ÁMBITO DE LA PEQUEÑA MINERÍA.* Disponible en: http://www.desarrollominero.gob.ve/wp-content/uploads/2018/12/TDR-PARA-PROYECTOS-DE-PEQUE%C3%91A-MINER%C3%8DA.pdf

Dice así la LAB:

Ley Antibloqueo (LAB)	Comentarios
Declaración de reserva Artículo 36.	Esta norma que considera secretas las actuaciones del Estado en materia de desaplicación de normas legales vigentes es de extrema gravedad, en la medida que permite una discrecionalidad y arbitrariedad absolutas sin posibilidades de opinar de los sectores afectados, como son los pueblos y comunidades indígenas impactados por el AMO.
Se declaran secretos y reservados los procedimientos, actos y registros efectuados con ocasión de la implementación de alguna de las medidas establecidas en capítulo segundo de esta Ley Constitucional, que supongan la desaplicación de normas de rango legal, hasta 90 días posteriores al cese de las medidas coercitivas unilaterales y otras medidas restrictivas o punitivas que han propiciado la situación. En todo caso, en los respectivos informes se determinará con claridad los dispositivos desaplicados y el fundamento de tal desaplicación.	
	Lo más insólito es que dependerá del levantamiento de las sanciones internacionales o "medidas coercitivas unilaterales y otras medidas restrictivas o punitivas que han propiciado la situación".
	En otras palabras, la eliminación de la norma de "desaplicación" de leyes vigentes puede durar décadas.
	Ello es un absurdo, debido que las leyes que se promulgan deben cumplirse y, en caso de ser innecesarias, anacrónicas o inconvenientes, abolirse.

- *Racismo, discriminación y aislamiento de los pueblos y comunidades indígenas en Venezuela.*

Desde tiempos de la colonia española ha existido discriminación, racismo y aislamiento de los pueblos y comunidades indígenas en Venezuela. Es un hecho notorio reconocido y documentado históricamente. A ello se sumaron las practicas esclavizantes desplegadas desde entonces, a pesar de las regulaciones derivadas de la influyente tesis de Bartolomé de las Casas (1542). [100] Eso no ha cesado, a pesar de las disposiciones constitucionales y las declaraciones oficiales. Mas bien, son variables que considerar dentro del conjunto de factores que influyen en la comisión de los crímenes que en este informe se identifican.

---

[100] DE LAS CASAS, Bartolomé, *Brevísima relación de la destrucción de las Indias.* Disponible en: https://enriquedussel.com/txt/Textos_200_Obras/PyF_siglo_XVI/Brevisima_relacion-Bartolome_Casas.pdf

Durante la guerra de independencia los pueblos y comunidades indígenas, en su mayoría, se mantuvieron apartados de la lucha por la independencia,[101] debido a la protección jurídica que les ofrecía desde los tiempos de Bartolomé de las Casas. El prejuicio, la estigmatización y estereotipos culturales de los criollos y la desconfianza que sentían los indígenas se complementaban. Tales prejuicios y estigmatización no han disminuido en el tiempo. Con el AMO y la minería ilegal, el estigma, los prejuicios y estereotipos culturales se han incrementado al ser los pueblos y comunidades indígenas y sus reclamos legítimos el principal obstáculo al extractivismo; así se realimenta la percepción de ser "enemigos".

La propaganda y posverdad oficialista da una imagen de fachada que encubre los hechos. Se Trata de un doble estándar: mientras derriban la estatua de Cristóbal Colón y la sustituyen por monumentos alegóricos a caciques; le cambian los nombres a lugares históricos como el Cerro el Ávila por el de Guaraira Repano; o la denominación de autopistas como la Francisco Fajardo ahora llamada Guaicaipuro; también, modifican el escudo fundacional de Caracas para colocar símbolos indigenistas; entre diversas acciones publicitarias y simbólicas, se desata con toda su furia el más violento extractivismo, no solo en el AMO, sino además en otros sitios del territorio nacional. Adicionalmente, la industria petrolera sumida en múltiples escándalos y juicios penales por corrupción[102] en el exterior, arroja constantes derrames en playas, lagos y sabanas, como nunca ocurrió antes. Una cosa es el discurso propagandístico indigenista y ambiental para el exterior del país y otra la realidad catastrófica que se vive todos los días en los territorios ancestrales de los pueblos y comunidades indígenas de Venezuela.

La concepción, ejecución y alcance del AMO discrimina a los pueblos y comunidades indígenas concernidos en sus territorios ancestrales al omitir la consulta de todos ellos y, sobre todo, al impedir la obtención de beneficios, tal como lo dispone la CRBV. En tal sentido, se incurre en una violación de la prohibición establecida en el

---

[101] ALFARO PAREJA, Francisco, *La Independencia de Venezuela relatada en clave de paz*. Disponible en: https://dialnet.unirioja.es/servlet/tesis?codigo= 80749

[102] Transparencia Venezuela, *306 bienes vinculados a la corrupción venezolana se decomisaron en EE UU en más de una década*. Disponible en: https:// corruptometro.org/2021/12/17/306-bienes-vinculados-a-la-corrupcion-venezolana-se-decomisaron-en-ee-uu-en-mas-de-una-decada/

artículo 10 de la LCDR y los autores de ello podrían ser considerados responsables penalmente por sus actos y omisiones. Además. Se viola la Ley Aprobatoria de la Convención Internacional sobre la Eliminación de todas las Formas de Discriminación Racial.[103]

II. PLANTEAMIENTO DEL PROBLEMA Y OBJETIVOS

La población indígena afectada directamente por el AMO está en situación de alto riesgo de subsistencia y de posible extinción, desde el punto de vista del DPI, los DDHH y el DIH. Se puede afirmar que, además de padecer enormes sufrimientos físicos y mentales, sus cada vez más precarias condiciones de vida la ponen al borde del exterminio, considerados estos como crímenes de lesa humanidad por ser el resultado de una política estatal traducida en ataques sistemáticos y generalizados contra su hábitat y forma de vida como pueblos y comunidades indígenas en el Estado Bolívar y zonas colindantes. Parte de ello, también, podría ser considerado como genocidio, en la medida en que las matanzas de miembros de diferentes etnias son asesinadas por grupos de mineros, tal como se demostró en un antecedente histórico ante los tribunales de Brasil en el caso de la matanza de 22 yanomamis en Haximú.

En este informe, se hará énfasis en las implicaciones de DPI, según los estándares, principios y la tipificación penal del ERCPI. Desde el punto de vista jurídico se verán los distintos crímenes que se perpetran en su contra. Todo ello amerita un tratamiento especial en lo que adelanta en su investigación penal la OFCPI, debido a las específicas circunstancias históricas y ambientales de tales pueblos y comunidades indígenas. También la MIIDH puede identificar los hechos aquí reflejados. La ODPVCPI puede apoyar y representar a los indígenas victimizados.

---

103 Asamblea Nacional, Ley Aprobatoria de la Convención Internacional sobre la Eliminación de todas las Formas de Discriminación Racial. Disponible en: https://ms-my.facebook.com/GacetaOficial/photos/a.838383 539548016/488 9475394438790/?type=3

III. METODOLOGÍA Y FUENTES

El abordaje de este informe es jurídico. Se trata de una revisión de los hechos a la luz del marco constitucional y legal venezolano, asimismo, la normativa internacional de DPI, especialmente, los tipos penales en los cuales se pueden subsumir los hechos perpetrados contra los pueblos y comunidades indígenas afectados por el AMO.

Para la realización de este informe, en una primera fase, se han consultado gacetas oficiales, doctrina jurídica actualizada, portales oficiales de organismos del Estado venezolano, documentación realizada por ONG reconocidas y fuentes abiertas creíbles. También se ha consultado a expertos calificados. De igual forma, se ha revisado información confiable y fuentes creíbles de otras ramas del saber (etnología, antropología, historia, ciencia política, sociología), con el propósito de superar las barreras informativas, la censura[104] y la propaganda negacionista del Estado venezolano, así como las noticias falsas y trolls[105] en torno a una supuesta política ambientalista e indigenista de primer orden, según los estándares constitucionales e internacionales, conforme a la publicidad oficialista. Dentro de la continuación de este proyecto, se estima necesario realizar visitas en el campo, lo cual queda para la 2ª etapa.

Desde el punto de vista conceptual, se ha constatado que Venezuela tiene un Estado Dual o anómico (Fernández, 2018)[106] frente a los pueblos y comunidades indígenas, lo cual quiere decir que coexisten en tiempo y lugar dos modelos y políticas, antagónicos y hostiles entre sí de parte del Estado: el constitucional y el socialista. Hay una tendencia a promulgar leyes y regulaciones de tipo fachada, es decir, con el lenguaje de los DDHH, pero con prácticas totalmente opuestas, lo cual se ha legalizado con la LAB al permitir la "inaplicación" de normas vigentes. O sea que, el dualismo indigenista se

---

[104] Ipys-Venezuela: *"Hay una normalización de la censura en el país"*. Disponible en: https://caleidohumano.org/ipys-venezuela-hay-una-normalizacion-de-la-censura-en-el-pais/

[105] Centro Gumilla, *Desinformación digital en Venezuela: Trolls, Bots y Cyborg*. Disponible en: https://comunicacion.gumilla.org/2022/02/24/desinformacion-digital-en-venezuela-trolls-bots-y-cyborg/

[106] FERNÁNDEZ, Fernando M., *Estado Dual o anómico. Efectos corrumpentes*. Editorial Académica Española. Mauricio, 2018.

expresa mediante la fachada de legislación en pro de los pueblos y comunidades indígenas se encubre la cruda realidad de las decisiones políticas del extractivismo y la delincuencia organizada que la impulsa y se alimenta de los beneficios económicos provenientes del tráfico de los minerales extraídos. De esta manera, la violación de la CRBV y las normas ambientes y penales se convierte en una práctica permitida oficial y supuestamente legal, pero inconstitucional. Como precedente de este dualismo, la LOCDOFT[107] creó una norma que excluye de forma expresa al Estado y sus empresas de toda responsabilidad penal, civil y administrativa (Fernández, 2017). Así las cosas, el Estado y sus empresas son inmunes e impunes, *de iure et facto*.

En cuanto a los indígenas se refiere, se han levantado voces que han visto el impacto del AMO de forma cruda y directa: los indígenas nunca fueron consultados, en violación de la CRBV y la Ley especial (PROVEA, 2018).[108]

Toda actividad minera lleva inherente un alto impacto ambiental que es inevitable, por eso se deben disponer normas técnicas que permitan efectos mitigado y controlables, en caso de un hecho que traspase tales limites se impone un castigo administrativo o penal, así como de las medidas paliativas de mitigación de los daños. Desde el punto de vista civil, corresponden las indemnizaciones a que haya lugar. Entre las medidas a ser impuestas están las de restauración y restitución ambiental a la situación previa. Existen estándares internacionales de alta efectividad (EITI, 2021),[109] pero Venezuela no forma parte ellas ni ha incorporado tales exigencias a los mineros. Con la exclusión de responsabilidad penal, civil y administrativa, el Estado venezolano y sus empresas consagra *de iure et facto* su política destructiva del ambiente y del hábitat de los pueblos y comunidades indígenas.

---

107 Asamblea Nacional, Ley Orgánica Contra la Delincuencia Organizada y Financiamiento al Terrorismo, publicada en Gaceta Oficial N° 39.912 del 30 de abril de 2012. Disponible en: https://www.saren.gob.ve/wp-content/themes/ wordpress_saren_theme/descargas/3042012-3417.pdf

108 PROVEA, *Indígenas y activistas organizan resistencia al Arco Minero*. Disponible en: https://provea.org/actualidad/indigenas-y-activistas-organizan-resistencia-al-arco-minero/

109 EITI, *El Estándar global para la buena gobernanza del petróleo, gas y los recursos minerales*. Disponible en: https://eiti.org/es/quienes-somos

IV. ANTECEDENTES Y CONTEXTO

Mucho antes del AMO los indígenas han sido ignorados y sus DDHH no han sido garantizados. Desde el descubrimiento y la conquista han tenido siempre una posición de ciudadanos de segunda. Con la CRBV se abrió una esperanza al tener una amplio abordaje de reconocimiento de sus derechos. Todo ha sido olvidado o ejecutado.

Con la Ley de Demarcación y Garantía del Hábitat y Tierras de los Pueblos Indígenas[110] fueron reconocidos, en el papel, su derecho a la demarcación de sus territorios ancestrales. No obstante, ese proceso esta detenido y vulnerado por el AMO y los demás desarrollos ilegales de extracción del oro y materiales estratégicos.

El AMO saltó por encima de esas previsiones y las de la CRBV en materia ambiental, a pesar de que se ha creado un ministerio dedicado a Ecosocialismo, según la nomenclatura oficial, pero que, en nada se ocupa de dar soluciones a la depredación sistemática del hábitat indígena en la zona demarcada del AM y sus zonas contiguas en los estados Amazonas y Delta Amacuro. Se trata de una extensión enorme. El AMO tiene una superficie de 111.843,70 Km2, lo cual quiere decir que es mayor en tamaño que 91 de los 194 países representados en la ONU.

En materia política los indígenas son votantes que solo pueden participar en 2° Grado, de conformidad con las normas emanadas de la AN y las políticas originadas desde el gobierno.[111]

El contexto parte de la evidencia de un drama colectivo llamado eufemísticamente EHC, pero que en realidad es el efecto predecible e inevitable del diseño y ejecución de una política de empobrecimiento general de toda la población, lo cual se traduce en una situación peor para los indígenas, habida cuenta de su aislamiento geográfico y la discriminación crónica en la que han vivido secularmente.

---

[110] Asamblea Nacional, *Ley de Demarcación y Garantía del Hábitat y Tierras de los Pueblos Indígenas*. Disponible en: https://pandectasdigital.blogspot.com/2017/03/ley-de-demarcacion-y-garantia-del.html

[111] Acceso a la Justicia, *Pueblos indígenas en Venezuela pierden su derecho al voto secreto y directo*. Disponible en: https://accesoalajusticia.org/pueblos-indigenas-en-venezuela-pierden-su-derecho-al-voto-secreto-y-directo/

V. EL CRIMEN DE GENOCIDIO

A los fines de clarificar los hechos y de su posible subsunción en el crimen de genocidio, la OFCPI podrá determinar con precisión esto al hacer la investigación en el campo; lo cual podrá realizar mediante la apertura de la Oficina de Cooperación[112] en Venezuela que ha sido acordada con el Poder Ejecutivo. La MIIDH también podrá documentarlo.

El crimen de genocidio

Convención de la ONU de Prevención y Castigo del Crimen de Genocidio	Estatuto de Roma de la Corte Penal Internacional	Comentarios
Artículo II	Artículo 6 Genocidio	.- Se mantiene el texto de forma idéntica en ambos instrumentos y se repite en otros instrumentos nacionales. Venezuela no ha implementado en su legislación este tipo penal ni lo ha hecho respecto del ERCPI. Ello es particularmente grave, habida cuenta de indefensión jurídica y material crónica de los pueblos y comunidades indígenas.
En la presente Convención, se entiende por genocidio cualquiera de los actos mencionados a continuación, perpetrados con la intención de destruir, total o parcialmente, a un grupo nacional, étnico, racial o religioso, como tal:	A los efectos del presente Estatuto, se entenderá por "genocidio" cualquiera de los actos mencionados a continuación, perpetrados con la intención de destruir total o parcialmente a un grupo nacional, étnico, racial o religioso como tal:	
a) Matanza de miembros del grupo;	a) Matanza de miembros del grupo;	.- Los literales a), b) y c) se refieren al genocidio físico y los literales d) y e) al genocidio biológico. Ambos estarían presentes en las amenazas a los pueblos y comunidades indígenas.
b) Lesión grave a la integridad física o mental de los miembros del grupo;	b) Lesión grave a la integridad física o mental de los miembros del grupo;	
c) Sometimiento intencional del grupo a condiciones de existencia que hayan de acarrear su destrucción física, total o parcial;	c) Sometimiento intencional del grupo a condiciones de existencia que hayan de acarrear su destrucción física, total o parcial;	.- El bien jurídico tutelado por el tipo penal es el derecho a la existencia del grupo nacional, étnico, racial o religioso y, por ende, cualquier individuo que

---

112 Examen ONU Venezuela, *Fiscal Karim A Khan anuncia establecimiento de una oficina de la CPI en Venezuela.* Disponible en: https://www.examenonu venezuela.com/democracia-estado-de-derecho/fiscal-karim-a-khan-anuncia-establecimiento-de-una-oficina-de-la-cpi-en-venezuela

d) Medidas destinadas a impedir los nacimientos en el seno del grupo;

e) Traslado por fuerza de niños del grupo a otro grupo.

d) Medidas destinadas a impedir nacimientos en el seno del grupo;

e) Traslado por la fuerza de niños del grupo a otro grupo.

pertenezca a ese grupo, por el hecho de pertenecer a él. Lo importante es que se trate de un grupo establecido, como tal. La tutela es supraindividual, protege al grupo y sus miembros como una colectividad. No se requiere una prueba estadística o demográfica sobre el número de víctimas que sufrieron los ataques. Así, puede haber genocidio si resultare uno o más muertos en el ataque genocida, el número es indiferente.

.- Como bienes supremos que tutela el Estatuto figuran la paz, la seguridad y el bienestar de la humanidad, basta con probar el la intención genocida de destruir total o parcialmente al grupo.

.- El crimen de genocidio requiere de una intención (*mens rea*) y dolo específico (*dolus specialis*) por parte del sujeto activo del crimen, quien elige como blanco de sus ataques al grupo o miembros de éste. La intención puede ser probada, con la confesión o con documentos, por ejemplo, o inferida por medios indirectos de los hechos, las circunstancias concretas o de un patrón de actos con ese propósito. En el caso de los pueblos y comunidades indígenas se debe analizar el rol que juegan estos en la defensa del territorio y el hábitat y el obstáculo que representan para el desarrollo minero y la minería ilegal.

.- El móvil del crimen consiste en atacar al miembro del grupo nacional, étnico, racial o religioso por el solo hecho de pertenecer a éste y de forma independiente del área geográfica que el grupo ocupe. Ello permite incluir como víctimas a un individuo, a un pequeño grupo, un subgrupo, o parte sustancial y selectiva de éste o su liderazgo, como parte del grupo mayor que los incluye. No se requiere que la matanza sea masiva. También su amplitud acoge cualquier actividad de linchamiento como, por ejemplo, han sido los pogromos, en contra de los judíos, armenios y otros grupos. No se requiere que la matanza sea sistemática ni generalizada, como ocurre con los crímenes de lesa humanidad.

.- El *actus reus* es un acto u omisión intencional que causa el efecto buscado de matar o causar grave sufrimiento corporal o mental, por ejemplo. No se requiere que el grupo sea exterminado, para que el crimen de genocidio se consume.

.- El sujeto activo del crimen de genocidio es indeterminado, puede ser cualquier persona. No se requiere que sea un miembro del Estado o gobierno o de una forma política similar. Es importante recalcar que, a los fines del Derecho penal Internacional, el foco de la investigación debe ser los jefes o superiores, es decir, los máximos responsables, sean cuadros altos o medios de la cadena de comando, lo cual no excluye la participación de autores inmediatos.

.- La víctima o sujeto pasivo del crimen de genocidio es cualquier miembro del grupo nacional, étnico, racial o religioso como tal. Para determinar este se pueden usar tanto criterios objetivos como subjetivos (estigmatización del grupo y de sus miembros, por ejemplo).

.- El *iter criminis* no requiere una premeditación prolongada, de un plan especial o de una política explicita, necesariamente. Tampoco, de un método preciso que sea el más eficiente, aun cuando estos componentes suelen parte importante de la conducta genocida que se realiza.

.- Quedan excluidos miembros de grupos sociales o políticos (esto sería un crimen de lesa humanidad, según el Estatuto)

.- La Convención especifica varios actos, los cuales considera constitutivo de genocidio:

(a) Genocidio propiamente dicho; (b) asociación para cometer genocidio; (c) Instigación directa y pública a cometer el genocidio; (d) tentativa; y (e) complicidad. Tales actos pueden ser independientes, no necesariamente concurrentes.

Artículo III

Serán castigados los actos siguientes:

a) El genocidio;

b) La asociación para cometer genocidio;

c) La instigación directa y pública a cometer genocidio;

d) La tentativa de genocidio;

e) La complicidad en el genocidio.

.- La asociación para cometer genocidio consiste en la relación casual u organizada entre los diferentes asociados cuyo fin es el ataque al grupo o sus miembros en razón de su nacionalidad, raza, etnia o religión. Implica conspiración, participación en los hechos, cooperación y ayuda mutua para conseguir el objetivo. Se requiere demostrar la intención específica o *dolus specialis*

.- La instigación directa y pública a cometer el genocidio la constituyen mensajes, arengas, propaganda por cualquier medio público y directo.

.- La complicidad es un crimen secundario, pero ligado al genocidio, que depende del hecho principal o genocida. La complicidad no requiere que se determine quién fue el autor del genocidio, pero sí que existe una relación directa y lógica entre el hecho y la complicidad en el mismo.

.- Aun cuando no contempla la frustración del genocidio, no es descartable aplicar los principios generales de Derecho Penal interno de forma supletoria.

- *La matanza genocida de Haximú: un precedente judicial histórico*

La persecución y demás actos horrendos identificados en este reporte no menoscaban ni excluyen que los hechos delictivos contra las personas y el ambiente que allí se perpetran sean investigados y castigados por la justicia penal ordinaria y la justicia universal, como ya ha ocurrido con el crimen de genocidio cometido en Haximú[113] en el que las autoridades de investigación y los tribunales penales de Brasil[114] lograron procesar a varios de los culpables de la matanza perpetrada por 22 garimpeiros ocurrida en territorio venezolano en 1993. Este caso, incluso, generó que la ComisiónIDH[115] actuase ante la inmovilidad de las autoridades venezolanas, finalizando el caso presentado por Provea y la Oficina de Derechos Humanos del Vicariato Apostólico de Puerto Ayacucho, el cual culminó en un arreglo amistoso. No obstante, la situación de los indígenas ha empeorado desde entonces.

Entre octubre de 1993 y el año 2000 se produjo un fallo sin precedentes en el sistema judicial de Brasil cuando el Supremo Tribunal Federal confirmó la sentencia dictada por el Tribunal por el delito de genocidio por la matanza cometida por unos garimpeiros brasileros en contra de indígenas integrantes de la etnia yanomami en territorio venezolano, en la población llamada Haximú o Hashimu del estado Amazonas, localizada cerca del estado de Roraima en Brasil.[116] El Código Penal de Brasil tiene una norma de jurisdicción universal que le permite juzgar casos de genocidio que ocurran en cualquier parte del mundo cuando sean cometidos por un nativo de Brasil o que el perpetrador este domiciliado en ese país.

---

[113] PROVEA, 27 años después de la masacre de Haximú indígenas yanomami denuncian presencia de mineros y complicidad de autoridades. Disponible en: https://provea.org/actualidad/27-anos-despues-de-la-masacre-de-haximu-indigenas-yanomami-denuncian-presencia-de-mineros-y-complicidad-autoridades/

[114] Yanomami On Line, *Masacre de Haximú*. Disponible en: C C P Y - Comissão Pró-Yanomami (proyanomami.org.br)

[115] Comisión IDH, *SOLUCIÓN AMISTOSA PUEBLO INDÍGENA YANOMAMI DE HAXIMÚ VENEZUELA*. Disponible en: http://www.oas.org/es/cidh/decisiones/amistosas.asp?Year=2012

[116] Ministerio Público Federal de Brasil: *Masacre de Hashimu*. Disponible en: http://www.mpf.mp.br/rr/memorial/docs/atuacoes_de_destaque/massacre-de-haximu;http://www.mpf.mp.br/rr/memorial/docs/atuacoes_de_destaque/massacre-de-haximu/93-000501-4-pedro-emiliano-garcia.pdf y http://www.mpf.mp.br/rr/memorial/atuacoes-de-destaque/massacre-de-haximu /view

Dice así el Código Penal de Brasil:[117]

Extraterritorialidad

Art. 7 - Están sujetos a la ley brasileña, aunque cometidos en el extranjero: I - delitos: a) contra la vida o la libertad del Presidente de la República. b) contra el patrimonio o fe pública de la Unión, Distrito Federal, Estado, Territorio, Municipio, empresa pública, sociedad de capital mixto, autarquía o fundación instituida por el Poder Público; c) contra la administración pública, para quienes están a su servicio; d) de genocidio, cuando el agente sea brasileño o esté domiciliado en Brasil; (Traducción libre y subrayado del autor)

Comentarios

El Código Penal Brasilero incorporó el principio de jurisdicción universal respecto del crimen de genocidio cuando el perpetrador sea de ese país o este domiciliado en él. Razón por la cual tiene jurisdicción sobre los hechos investigados y juzgados respecto de la matanza de Hashimu, es decir, en territorio venezolano.

De su parte, el artículo 4) 9) del COPENAL contempla una variante abierta de jurisdicción universal, pero no ha tipificado los crímenes de genocidio y de lesa humanidad.

Dice así el COPENAL:

Artículo 4. Están sujetos a enjuiciamiento en Venezuela y se castigarán de conformidad con la ley penal venezolana: ... 9. Los venezolanos o extranjeros venidos a la República que, en alta mar, cometan actos de piratería u otros delitos de los que el Derecho Internacional califica de atroces y contra la humanidad; menos en el caso de que por ellos hubieran sido ya juzgados en otro país y cumplido la condena.

Venezuela, al no tener tipificado el crimen de genocidio ni los de lesa humanidad tiene un serio impedimento para la investigación y enjuiciamiento de tales hechos atroces en virtud de los principios de estricta legalidad penal y de tipicidad. En consecuencia, la investigación y enjuiciamiento solo podría haberse realizado por el delito de homicidio calificado sobre la base del artículo 406 en concordancia con el artículo 77, ambos del Código Penal. No

---

[117] Presidencia de la República, *Código Penal de Brasil*. Disponible en: http://www.planalto.gov.br/ccivil_03/Decreto-Lei/Del2848compilado.htm

obstante, en Venezuela tales procesamientos y juicios tienen un alto porcentaje de impunidad (Fernández, 2021).[118]

A todo evento, luego de la sentencia del Poder Judicial de Brasil, al crear cosa juzgada, no podría enjuiciarse en Venezuela por causa del principio *ne bis in ídem.*

- *Extraterritorialidad y Código Penal de Brasil:*[119]

Los cargos fiscales con los cuales se inició el proceso penal en el Ministerio Público de la Federación en Roraima contra 24 mineros, de los cuales solo pudieron ser condenados 5 de ellos, por los delitos de genocidio, asociación para el genocidio, minería ilegal, contrabando, ocultamiento de cadáveres, delito de daño y concierto para delinquir.[120] Este delito se concibe cometido contra el pueblo indígena como bien jurídico protegido y no como homicidio.

Aun cuando los hechos ocurrieron en Venezuela, en este país no hubo investigación ni juicio penal contra los perpetradores, a pesar de los enormes esfuerzos realizados por sobrevivientes y ONG.[121] La ComisiónIDH[122] recibió denuncia del Vicariato Apostólico de Puerto

---

[118] FERNÁNDEZ, Fernando M.: *¿Homicidio o asesinato? Análisis de la incapacidad de iure y de facto para investigar y castigar los crímenes de asesinato perpetrados en Venezuela a la luz de la complementariedad con la CPI.* Disponible en: https://www.jepvenezuela.com/wp-content/uploads/2021/12/informe-definitivo.pdf

[119] Código Penal de Brasil (Art 1º - 0 Decreto-lei nº 2.848, de 7 de dezembro de 1940 - *Código Penal, passa a vigorar com as seguintes alterações*: (Redacción dada por la Ley N° 7.209, de 1984). Disponible en: L7209 (planalto.gov.br)

[120] PROVEA, *27 años después de la masacre de Haximú indígenas yanomami denuncian presencia de mineros y complicidad de autoridades.* Disponible en: https://provea.org/actualidad/27-anos-despues-de-la-masacre-de-haximu-indigenas-yanomami-denuncian-presencia-de-mineros-y-complicidad-autoridades/

[121] Wataniba, *La Masacre de Haximú: 29 años después.* Disponible en: https://watanibasocioambiental.org/la-masacre-de-haximu-29-anos-despues/

[122] Comisión IDH, *INFORME No. 32/12. PETICIÓN 11.706, SOLUCIÓN AMISTOSA, PUEBLO INDÍGENA YANOMAMI DE HAXIMÚ, VENEZUELA.*

Ayacucho, el Programa Venezolano de Educación -Acción en Derechos Humanos (PROVEA), el Centro para la Justicia y el Derecho Internacional (CEJIL) y *Human Rights Watch Americas* y se logró, gracias a la mediación de la ComisiónIDH, que el Estado venezolano se comprometiera a investigar los hechos en el llamado Acuerdo de Haximú, cosa que no ha ocurrido. Los alegatos de los peticionarios fueron: el Estado venezolano era responsable por la violación de los derechos a la vida, la integridad personal, las garantías judiciales, la propiedad privada, la circulación y residencia, la igualdad ante la ley y la protección judicial, consagrados en los artículos 4, 5, 8, 21, 22, 24 y 25 de la Convención Americana sobre Derechos Humanos.

Es de hacer notar que Venezuela no ha tipificado el crimen de genocidio, a pesar de haber suscrito la Convención para la Prevención y la Sanción del Delito de Genocidio de 1948 y ser Estado Parte del ERCPI (Fernández, 2018).[123] No obstante, el COPENAL tiene tipificado el delito de homicidio calificado[124] y podía, de haber existido la voluntad necesaria y la capacidad funcional necesaria, haber iniciado en su momento las investigaciones y el procesamiento, acerca de lo cual no se tiene noticia de si esto se ha producido en el momento oportuno. Hoy en día, la situación de los pueblos y comunidades indígenas no ha mejorado, más bien, por causa del AMO y de las acciones ilegales de la minería tolerada y estimulada por el Estado venezolano, esto ha empeorado de forma dramática y ostensible.[125]

Disponible en: https://www.oas.org/es/cidh/decisiones/2012/VESA 11706ES.doc

[123] FERNÁNDEZ, Fernando M., *Genocidio y otros crímenes atroces.* Editorial LIVROSCA, Caracas, 2018.

[124] FERNANDEZ, Fernando M.: *¿Homicidio o asesinato?* Ibidem.

[125] Wataniba, Informe sobre la Situación Actual de los Grupos de Pueblos Indígenas en Aislamiento Relativo y Poco Contacto en Venezuela (Jödi, Uwottüja, y Yanomami). Disponible en: INFORME SOBRE LA SITUACIÓN ACTUAL DE LOS GRUPOS DE PUEBLOS INDÍGENAS EN AISLAMIENTO RELATIVO by WATANIBA - Issuu

Diagrama de la hipótesis de persecución por razones étnicas
y el consecuente genocidio
(Elaborado por el autor)

VI. PERSECUCIÓN Y OTROS CRÍMENES DE LESA HUMANIDAD

A partir de la información obtenida en la investigación realizada para elaborar este informe, se puede concluir que existen bases razonables para afirmar que la eliminación de derechos humanos de los pueblos y comunidades indígenas, consagrados en Tratados Internacionales y en la Constitución, quienes han sido afectados de forma directa en el AMO, se subsume en los supuestos jurídicos de un crimen de persecución según el ERCPI. Caracterizado por ser una conducta de ataques sistemáticos y generalizados que forman parte de una política extractiva del Estado venezolano en contra de una población civil específica por su condición étnica: los pueblos y comunidades indígenas, en virtud de ser un obstáculo para la implantación de esa política minera al constituirse como guardianes ambientales y territoriales. Por ello se les percibe como "enemigos."

Dice así el ERCPI:

> "Por "persecución" se entenderá la privación intencional y grave de derechos fundamentales en contravención del derecho internacional debido a la identidad del grupo o de la colectividad".

Así las cosas, hay bases razonables para afirmar que los pueblos y comunidades indígenas son víctimas del crimen de persecución al privárseles de derechos fundamentales, plasmados en el Derecho Internacional y en la CRBV. Los miembros de los pueblos y comunidades indígenas no son reconocidos en las normas y planes que regulan la extracción minera, como personas titulares de DDHH. Esto también opera *de facto*. A pesar de las normas constitucionales y la profusión de leyes en los hechos padecen de una *capiti diminutio maxima*. En ello va la motivación de la consumación del acto por razones de su condición étnica.

Tal política de Estado genera una actividad paralela en contra de los pueblos y comunidades indígenas que les pone en peligro de existencia y de supervivencia al ser impactados directa y fatalmente en el territorio del AMO en el Estado Bolívar. Cuyos efectos inmediatos y no evitados se irradian a los Estados Amazonas y Delta Amacuro, es decir, a la Amazonía venezolana de una superficie de 453.950 Km2. En otras palabras, la conducta de persecución de los pueblos y comunidades indígenas es inherente e interdependiente de la extracción minera del AMO, según los datos obtenidos en la investigación y de acuerdo con los supuestos establecidos por el Estado venezolano, para realizar la explotación de minerales. Así, según lo identificado y analizado, la persecución es una línea de conducta derivada del AMO y que se hace inevitable si se quiere cumplir con sus metas.

A su vez, el crimen de persecución está conectado de forma causal, íntima e interdependiente con otras atrocidades, en estos casos con diferentes perpetradores, en virtud de la condición étnica de los indígenas, a saber: los crímenes de lesa humanidad de asesinato, de exterminio por causa indirecta, de graves sufrimientos físicos y mentales, de violación, de encarcelación, de deportación o traslado forzoso y esclavitud.

Diagrama de las hipótesis sobre los crímenes de lesa humanidad concurrentes, interconectados e interdependientes en el AMO
(Elaborado por el autor)

A los fines de poder entender mejor como se materializa el crimen de persecución tipificado en el ERCPI en contra, hipotéticamente, de los pueblos y comunidades indígenas, este cuadro puede ser de utilidad; el mismo dice así:

Crímenes de lesa humanidad según el Estatuto de Roma de la Corte Penal Internacional

Los tipos penales, definiciones y elementos de los crímenes	Comentarios
Artículo 7 Crímenes de lesa humanidad 1. A los efectos del presente Estatuto, se entenderá por "crimen de lesa humanidad" cualquiera de los actos siguientes cuando se cometa como parte de un ataque generalizado o sistemático contra una población civil y con conocimiento de dicho ataque:	Es claro, público y notorio que existe una política de Estado explícita en materia extractiva.
Por "ataque contra una población civil" se entenderá una línea de conducta que implique la comisión múltiple de actos mencionados en el párrafo 1 contra una población civil, de conformidad con la política de un Estado o de	De forma contraria, la CRBV fija una política estatal benefactora de los derechos de los pueblos y comunidades indígenas. Pero, en la práctica, el conflicto de estas dos políticas estatales se resuelve en favor de la extracción, con supresión de los derechos de los pueblos y comunidades indígenas.

una organización de cometer ese ataque o para promover esa política;

o   Elementos de los crímenes de lesa humanidad

Artículo 7. Crímenes de lesa humanidad Introducción

1. Por cuanto el artículo 7 corresponde al derecho penal internacional, sus disposiciones, de conformidad con el artículo 22, deben interpretarse en forma estricta, teniendo en cuenta que los crímenes de lesa humanidad, definidos en el artículo 7, se hallan entre los crímenes más graves de trascendencia para la comunidad internacional en su conjunto, justifican y entrañan la responsabilidad penal individual y requieren una conducta que no es permisible con arreglo al derecho internacional generalmente aplicable, como se reconoce en los principales sistemas jurídicos del mundo.

2. Los dos últimos elementos de cada crimen de lesa humanidad describen el contexto en que debe tener lugar la conducta. Esos elementos aclaran la participación requerida en un ataque generalizado o sistemático contra una población civil y el conocimiento de dicho ataque. No obstante, el último elemento no debe interpretarse en el sentido de que requiera prueba de que el autor tuviera conocimiento de todas las características del ataque ni de los detalles precisos del plan o la política del Estado o la organización. En el caso de un ataque generalizado o sistemático contra una población civil que esté comenzando, la cláusula de intencionalidad del último elemento indica que ese elemento existe si el autor tenía la intención de cometer un ataque de esa índole.

3. Por "ataque contra una población civil" en el contexto de esos elementos se entenderá una línea de conducta que

En tal sentido, los derechos constitucionales indígenas quedan como una fachada que encubre la realidad y que se maquilla con propaganda y otras actuaciones simbólicas de apariencia restaurativa en favor de los pueblos y comunidades indígenas.

Los pueblos y comunidades indígenas están constituidos por diferentes etnias, pero forman parte constitutiva de una población civil clara y definida, en los términos del ERCPI.

Nada de lo que ocurre en perjuicio de los pueblos y comunidades indígenas es explícito, ni es reconocido por el Estado y sus voceros. Por el contrario. Todo ello es negado o invisibilizado de forma consciente. Pero el daño recibido por las víctimas es inherente e interdependiente de lo que ocurre en la explotación minera *in commento*.

Dado que los pueblos y comunidades indígenas constituyen el principal estorbo la realización de los proyectos mineros, se presenta un conflicto para el Estado y sus agentes.

En la medida en que estos proyectos mineros se involucren más en la gestión de las extracciones, peor será el desempeño en materia de respeto y garantía de los derechos indígenas.

La extracción minera, en los términos establecidos en la política oficial es incompatible con el reconocimiento y garantía de los derechos de los pueblos y comunidades indígenas.

El avance de los proyectos extractivos va en línea directa en contra de los derechos de los pueblos y comunidades indígenas. Por eso, los múltiples actos cometidos contra ellos se han ido implique la comisión múltiple de los actos a que se refiere el párrafo 1 del artículo 7 del Estatuto contra una población civil a fin de cumplir o promover la política de un Estado o de una organización de cometer ese ataque. No es necesario que los actos constituyan un ataque militar. Se entiende que la "política de cometer ese ataque" requiere que el Estado o la organización promueva o aliente activamente un ataque de esa índole contra una población civil (Nota 6).

o   Nota al pie de página:

(Nota 6): La política que tuviera a una población civil como objeto del ataque se ejecutaría mediante la acción del Estado o de la organización. Esa política, en circunstancias excepcionales, podría ejecutarse por medio de una omisión deliberada de actuar y que apuntase conscientemente a alentar un ataque de ese tipo. La existencia de una política de ese tipo no se puede deducir exclusivamente de la falta de acción del gobierno o la organización.

acentuando en la misma medida que avanza la extracción.

Tales ataques a los indígenas se perpetran con plena conciencia y de forma metódica, sistemática, organizada y deliberada. Los mismos no son casuales ni accidentales, se producen de forma planificada y calculada, dentro de la lógica minera, sin cortapisas.

En los múltiples actos y ataques a los pueblos y comunidades indígenas quienes actúan son miembros de una empresa del Estado, sea mixta o en asociación estratégica. Así como diferentes grupos irregulares de garimpeiros, mineros ilegales y guerrilleros según la información obtenida y de acuerdo con el territorio ocupado. Quienes actúan bajo la aquiescencia de los organismos militares y civiles del Estado y que comparten beneficios irregulares en sus gestiones y operaciones.

Crimen de persecución de un grupo o colectividad con identidad propia fundada en motivos étnicos

...

h) Persecución de un grupo o colectividad con identidad propia fundada en motivos políticos, raciales, nacionales, étnicos, culturales, religiosos, de género definido en el párrafo 3, u otros motivos universalmente reconocidos como inaceptables con arreglo al derecho internacional, en conexión con cualquier acto mencionado en el presente párrafo o con cualquier crimen de la competencia de la Corte;

...

A los efectos del párrafo 1:

g) Por "persecución" se entenderá la privación intencional y grave de dere-

Comentarios

El análisis debe partir de la evaluación de los hechos en torno al crimen de persecución de un grupo o colectividad fundada en motivos étnicos.

Una vez que el Estado se ha inclinado de forma evidente por la política extractivista, de la forma que lo está haciendo, debió suprimir en la práctica los derechos de los pueblos y comunidades indígenas, tanto los establecidos en la CRBV, como los formulados en los tratados internacionales.

La extracción minera conducida por el Estado y sus socios, así como la minería ilegal privan, de forma intencional chos fundamentales en contravención del derecho internacional en razón de la identidad del grupo o de la colectividad

o Elementos del crimen de persecución

Artículo 7 1) h) Crimen de lesa humanidad de persecución Elementos

1. Que el autor haya privado gravemente a una o más personas de sus derechos fundamentales en contravención del derecho internacional (Nota 21).

2. Que el autor haya dirigido su conducta contra esa persona o personas en razón de la identidad de un grupo o colectividad o contra el grupo o la colectividad como tales.

3. Que la conducta haya estado dirigida contra esas personas por motivos políticos, raciales, nacionales, étnicos, culturales, religiosos o de género, según la definición del párrafo 3 del artículo 7 del Estatuto, o por otros motivos universalmente reconocidos como inaceptables con arreglo al derecho internacional.

4. Que la conducta se haya cometido en relación con cualquier acto de los señalados en el párrafo 1 del artículo 7 del Estatuto o con cualquier crimen de la competencia de la Corte (Nota 22).

5. Que la conducta se haya cometido como parte de un ataque generalizado o sistemático dirigido contra una población civil.

6. Que el autor haya tenido conocimiento de que la conducta era parte de un ataque generalizado o sistemático dirigido contra una población civil o

y grave, de sus derechos fundamentales a los pueblos y comunidades indígenas en contravención del derecho internacional y de las normas constitucionales que los desarrollan internamente. Todo ello debido a la identidad del grupo o colectividad indígena en la Amazonía venezolana, a causa de su oposición como guardianes ambientales y territoriales de su hábitat.

Los autores del hecho privan, gravemente, a una o más personas de sus derechos fundamentales en contravención del derecho internacional y, de paso, de la CRBV que desarrolla los Tratados Internacionales.

Los autores del hecho dirigen su conducta a los miembros de las pueblos y comunidades indígenas debido a su identidad y membresía de los grupos.

La conducta criminal está dirigida contra los integrantes de los pueblos y comunidades indígenas por motivos étnicos y por sus acciones como guardianes ambientales y territoriales.

La conducta punible se relaciones y concurre de forma interdependiente con otros crímenes de competencia de la CPI, los cuales se perpetran con ocasión de lograr los objetivos de la extracción minera.

La conducta criminal de los perpetradores constituye ataques generalizados y sistemáticos dirigidos contra los pueblos y comunidades indígenas, considerados estos como una población civil.

Los perpetradores tienen pleno conocimiento de que su conducta forma parte de un ataque generalizado o sistemático dirigido contra una población civil. Además, tales conductas son manifiestamente ilícitas por lo que los haya tenido la intención de que la conducta fuera parte de un ataque de ese tipo. (Nota 23)

o   Notas al pie de página:

Nota 21: Este requisito se entiende sin perjuicio de lo dispuesto en el párrafo 6 de la introducción general a los elementos de los crímenes.

Nota 22: Se entiende que en este elemento no es necesario ningún otro elemento de intencionalidad además del previsto en el elemento 6.

Nota 23: Dado el carácter complejo de este crimen, se reconoce que en su comisión participará normalmente más de un autor con un propósito delictivo común.

agentes del Estado las conocen o deben conocerlas.

Al momento de redactar este reporte se desconoce si existe algún manual o protocolo de acción oficial que informe y advierta a los agentes del Estado sobre las consecuencias legales de cualquier conducta que implique la comisión del crimen de persecución contra miembros de la población civil, en general, y de los pueblos y comunidades indígenas en particular.

Crimen de asesinato

o   Elementos

Artículo 7) 1) a) Crimen de lesa humanidad de asesinato Elementos

1. Que el autor haya dado muerte (Nota 7) a una o más personas.

2. Que la conducta se haya cometido como parte de un ataque generalizado o sistemático dirigido contra una población civil.

3. Que el autor haya tenido conocimiento de que la conducta era parte de un ataque generalizado o sistemático dirigido contra una población civil o haya tenido la intención de que la conducta fuera parte de un ataque de ese tipo.

o   Notas al pie de página:

Nota 7: La política que tuviera a una población civil como objeto del ataque se ejecutaría mediante la acción del Estado o de la organización. Esa política, en circunstancias excepcionales, podría ejecutarse por medio de una omisión deliberada de actuar y que apuntase conscientemente a alentar un ataque de ese tipo. La existencia de una

Comentarios

Según ODEVIDA se han contabilizado 32 muertes de indígenas por causa de distintos agentes: militares, garimpeiros y guerrilleros.

No ha habido procedimientos penales conocidos contra los perpetradores que haya sido exitoso en cuanto a culpabilidad se refiere.

Tales ataques han sido sistemáticos, obedecen a un patrón y a actos realizados por quienes tienen una organización dedicada al extractivismo o a su protección y al tráfico de los minerales en los territorios indígenas.

La política extractivista del Estado se opone a la forma de vida de los pueblos y comunidades indígenas, quienes son el principal obstáculo en la explotación minera en sus territorios ancestrales.

El gobierno actúa en relación con los minerales que extrae y explota y, de otra parte, es omiso con relación a los política de ese tipo no se puede deducir exclusivamente de la falta de acción del gobierno o la organización.

actos realizados por guerrilleros y mineros ilegales.

Crimen de Exterminio

Artículo 7) 1) b) 2. A los efectos del párrafo 1:

... El "exterminio" comprenderá la imposición intencional de condiciones de vida, entre otras, la privación del acceso a alimentos o medicinas, entre otras, encaminadas a causar la destrucción de parte de una población;

o   Elementos del crimen de exterminio

1. Que el autor haya dado muerte (Nota 8), a una o más personas, incluso mediante la imposición de condiciones de existencia destinadas deliberadamente a causar la destrucción de parte de una población (Nota 9).

2. Que la conducta haya consistido en una matanza de miembros de una población civil o haya tenido lugar como parte (Nota 10) de esa matanza.

3. Que la conducta se haya cometido como parte de un ataque generalizado o sistemático dirigido contra una población civil.

4. Que el autor haya tenido conocimiento de que la conducta era parte de un ataque generalizado o sistemático dirigido contra una población civil o haya tenido la intención de que la conducta fuera parte de un ataque de ese tipo.

o   Notas al pie de página:

Nota 8: La conducta podría consistir en diferentes formas de matar, ya sea directa o indirectamente.

Nota 9: La imposición de esas condiciones podría incluir la privación del acceso a alimentos y medicinas.

Comentarios

La política de extracción de minerales en el AMO impone condiciones de vida a los pueblos y comunidades indígenas que les impide seguir viviendo según sus tradiciones ancestrales y, además, no le permite recibir los alimentos, servicios de salud y medicinas de sus intercambios con los criollos.

Tal es la situación que se han producido muertes por desnutrición e insalubridad, debido a la carencia de insumos médicos y alimentos en la selva. Así, el paludismo, la intoxicación por mercurio, la dificultad sobrevenida para cazar, pescar y recolectar los frutos del bosque se ha visto disminuidos de forma dramática generando hambre.

Se trata de una forma de matar por causa indirecta, tal como lo advierte la Nota 8.

Los ataques son sistemáticos debido a la forma en que se va ejecutando la política minera. También son generalizados por cuanto va en contra de las condiciones de vida de todo el grupo como tal.

Nota 10: La expresión "como parte de" comprendería la conducta inicial en una matanza.

Crimen de esclavitud

Artículo 7) 1) c) Esclavitud

A los efectos del párrafo 1: ... Por "esclavitud" se entenderá el ejercicio de los atributos del derecho de propiedad sobre una persona, o de algunos de ellos, incluido el ejercicio de esos atributos en el tráfico de personas, en particular mujeres y niños;

o Elementos del crimen de esclavitud

1. Que el autor haya ejercido uno de los atributos del derecho de propiedad sobre una o más personas, como comprarlas, venderlas, prestarlas o darlas en trueque, o todos ellos, o les haya impuesto algún tipo similar de privación de libertad (Nota 11).

2. Que la conducta se haya cometido como parte de un ataque generalizado o sistemático dirigido contra una población civil.

3. Que el autor haya tenido conocimiento de que la conducta era parte de un ataque generalizado o sistemático dirigido contra una población civil o haya tenido la intención de que la conducta fuera parte de un ataque de ese tipo.

o Nota al pie de página:

Nota 11: Se entiende que ese tipo de privación de libertad podrá, en algunas circunstancias, incluir la exacción de trabajos forzados o la reducción de otra manera a una persona a una

Comentarios

El CDHUCAB (2022) ha precisado la forma d esclavitud de los pueblos y comunidades indígenas afectados por la extracción minera. Los indígenas que no huyen ni migran forzadamente del país se ven sometidos a la más cruda explotación laboral en el trabajo de las minas.

Ellos se ven forzados a trabajar en labores extenuantes si es que quieren sobrevivir, sin ninguna posibilidad de elegir libremente ni de poder continuar viviendo como vivían antes: o migran o se someten servilmente. No tienen opciones de elección que sean diferentes.

• Los Tratados internacionales indigenistas que prohíben la esclavitud

De acuerdo con la investigación realizada por el CDHUCAB,[126] "el Estado venezolano ha suscrito y ratificado diversos tratados internacionales que prohíben la esclavitud, la trata de personas y la explotación laboral, a saber: Declaración de Derechos Humanos de 1948 (artículo 4); Pacto Internacional de Derechos Civiles y Políticos de 1966 (artículo 8); Pacto Internacional de Derechos Económicos, Sociales y Culturales de 1966 (artículo 10); Convención sobre la eliminación de todas las formas de discriminación contra la mujer de 1979 (artículo 16); Convención

---

[126] CDHUCAB, *ESCLAVITUD MODERNA*. Disponible en: https://cdh.ucab.edu.ve/lineas-tematicas/esclavitud-moderna/

condición servil, según se define en la Convención suplementaria sobre la abolición de la esclavitud, la trata de esclavos y las instituciones y prácticas análogas a la esclavitud, de 1956. Se entiende además que la conducta descrita en este elemento incluye el tráfico de personas, en particular de mujeres y niños.

sobre los Derechos del Niño de 1989 (artículos 32, 33, 34, 35, 36, 38 y 39) y sus Protocolos facultativos relativos a la participación de niños en los conflictos armados de 2000 y a la venta de niños, prostitución infantil y utilización de niños en la pornografía de 2000; Convención internacional sobre la protección de los derechos de todos los trabajadores migratorios y de sus familiares de 1990 (artículos 11 y 25); Convención sobre los Derechos de las Personas con Discapacidad de 2006 (artículo 15); Convención de las Naciones Unidas contra la Delincuencia Organizada Transnacional del 2000; el Protocolo para Prevenir, Reprimir y Sancionar la Trata de Personas, especialmente Mujeres y Niños y el Protocolo Facultativo de la Convención de los Derechos del Niño relativo a la venta de niños, prostitución infantil y utilización de niños en la pornografía, fueron suscritos y ratificados por Venezuela; Convenio 29 sobre el trabajo forzoso de 1930; el Convenio 105 sobre la abolición del trabajo forzoso de 1957, y el Convenio 182 sobre las peores formas de trabajo infantil de 1999 y el Convenio 169 sobre pueblos y comunidades indígenas y tribales de 1989"

"Durante el proceso de investigación, el CDHUCAB documentó 10 casos directos de esclavitud moderna. Asimismo, el monitoreo de medios llevado a cabo dio como resultado un registro de más de 1000 víctimas de esclavitud moderna pertenecientes a pueblos y comunidades indígenas, entre los que se encuentran personas en edades comprendidas desde los 14 hasta los 34 años. La tendencia de afectación se iguala a las víctimas no indígenas, hombres captados para trabajos manuales y disidencia mientras que las mujeres son víctimas de situaciones de género: abuso sexual, matrimonios temprano."[127]

Crimen de encarcelación u otra privación grave de la libertad física en violación de normas fundamentales de derecho internacional	Comentarios
Artículo 7) 1) e) Crimen de lesa humanidad de encarcelación u otra privación grave de la libertad física	Quienes son percibidos y etiquetados como "enemigos" suelen ser encarcelados de forma arbitraria.
o Elementos	El tipo penal exige que se haya producido la encarcelación bajo las condiciones de ejecución del artículo 7 del ERCPI y que haya una privación grave de la libertad física. Ello ha ocurrido varias veces con diversos lideres indígenas y defensores ambientales y del territorio
1. Que el autor haya encarcelado a una o más personas o las haya sometido de otra manera, a una privación grave de la libertad física.	
2. Que la gravedad de la conducta haya sido tal que constituya una infracción de normas fundamentales del derecho internacional.	
3. Que el autor haya sido consciente de las circunstancias de hecho que determinaban la gravedad de la conducta.	También exige la definición del crimen que el hecho constituya una infracción de normas fundamentales del derecho internacional. En ese sentido, las encarcelaciones realizadas en perjuicio de lideres indígenas se han hecho sin orden judicial.
4. Que la conducta se haya cometido como parte de un ataque generalizado o sistemático dirigido contra una población civil.	
5. Que el autor haya tenido conocimiento de que la conducta era parte de un ataque generalizado o sistemático dirigido contra una población civil o haya tenido la intención de que la conducta fuera parte de un ataque de ese tipo.	La detenciones arbitrarias se han producido como partes específicas de ataques sistemáticos contra los pueblos y comunidades indígenas afectados. Asimismo, la conducta de los autores ha sido con conocimiento de que era parte del ataque.
	Se pueden mencionar parte de los incentivos legales que garantizan la inmunidad e impunidad del crimen de encarcelación
	La detención arbitraria es un delito con incentivos legales e institucionales que

---

[127]   CDHUCAB. Ob. Cit. p. 32.

goza de impunidad en Venezuela, debido a:

i. La baja pena que le da el COPENAL a los perpetradores de cualquier Detención arbitraria, pese a la gravedad que este hecho punible tiene en la legislación comparada en el mundo globalizado, al punto que se le puede considerar un crimen de lesa humanidad y una grave violación de derechos humanos, según se evalúe la responsabilidad individual de los perpetradores o la responsabilidad internacional del Estado.

ii. La falta de adecuación de la detención arbitraria en Venezuela respecto de los estándares internacionales lo convierte, de hecho, en un delito menor o de bagatela, convirtiéndolo en un hecho insignificante, sin tomar en cuenta los danos causados, la alta peligrosidad de la conducta y de su constante recurrencia, además de la cadena de otras consecuencias sobre la integridad personal de las víctimas y la violación de otros derechos.

iii. El COPENAL, en esencia, todavía está anclado bajo la influencia monárquica, semiliberal e ilustrada del Código de Zanardelli del Siglo XIX y, en las diferentes reformas, se ha mantenido en su texto una tradición centrada en la tutela preeminente del Estado que no ha incorporado los derechos humanos como bien jurídico tutelado que prevé la Constitución de 1999, ni se ha adecuado a los estándares internaciones más avanzados del Derecho Comparado en la gran mayoría de los delitos, especialmente en lo referido a la protección del derecho a la libertad personal cuando esta es amenazada por los agentes del Estado.

iv. El sistema jurídico penal venezolano se inscribe en la tradición continental europea, pero mantiene todavía las estructuras monárquicas y autoritarias del Siglo XIX. El paradigma imperante en el COPENAL consiste en privilegiar y colocar en los primeros lugares de su texto los delitos contra la patria (*delictum laesa patria*) y de lesa majestad (*delictum laesa maiestati*s), cuya tutela fundamental es la autoridad estatal, en menoscabo de los delitos contra las personas (*delictum laesa personae*), consideradas estas como individuos del género humano, cuya tutela corresponde al COPENAL. Tales delitos están minusvalorados en el instrumento legal, en lo relacionado a su gradación penológica.

v. La falta de procesamiento y castigo a los funcionarios de policía o de las fuerzas armadas que ejecutan una detención arbiraria, especialmente, los altos mandos que la ordenan o permiten.

vi. La falta de estadísticas de investigaciones, juicios y condenas ante los tribunales penales.

vii. Los privilegios procesales como el antejuicio de mérito que tienen los altos oficiales militares y policiales o civiles que la ordenan o la permiten.

....

Dice así el COPENAL: "Artículo 176: El funcionario público que con abuso de sus funciones o quebrantando las condiciones o las formalidades prescritas por la ley, privare de la libertad a alguna persona será castigado con prisión de cuarenta y cinco días a tres y medio años; y si el delito se ha cometido con alguna de las circunstancias indicadas en el primero y segundo apartes del artículo precedente, la prisión será de tres a cinco años..." (Subrayado del autor)."[128]

---

[128] FERNÁNDEZ, Fernando M., *La detención arbitraria o crimen de encarcelación en Venezuela. Una atrocidad impune*. Disponible en: https://www.acienpol.org.ve/wp-content/uploads/2021/06/BOLETIN-162.-Enero-marzo-2021.pdf

Crimen de tortura

2. A los efectos del párrafo 1:

e) Por "tortura" se entenderá causar intencionalmente dolor o sufrimientos graves, ya sean físicos o mentales, a una persona que el acusado tenga bajo su custodia o control; sin embargo, no se entenderá por tortura el dolor o los sufrimientos que se deriven únicamente de sanciones lícitas o que sean consecuencia normal o fortuita de ellas;

o Elementos

1. Que el autor haya infligido a una o más personas graves dolores o sufrimientos físicos o mentales.

2. Que el autor tuviera a esa o esas personas bajo su custodia o control.

3. Que el dolor o el sufrimiento no haya sido resultado únicamente de la imposición de sanciones legítimas, no fuese inherente ni incidental a ellas.

4. Que la conducta se haya cometido como parte de un ataque generalizado o sistemático dirigido contra una población civil.

5. Que el autor haya tenido conocimiento de que la conducta era parte de un ataque generalizado o sistemático dirigido contra una población civil o haya tenido la intención de que la conducta fuera parte de un ataque de ese tipo.

o Nota al pie de página

Nota 14: Se entiende que no es preciso probar ninguna intención específica en relación con este crimen.

Comentarios

Como parte del patrón de sistematicidad de la encarcelación, precedida por la persecución, la tortura ha sido el medio empleado para obtener confesiones y delaciones. También como castigo o extorsión por cualquier cosa, según el capricho del torturador.

En ningún caso, las torturas padecidas se tratan de dolor o sufrimientos derivados únicamente de sanciones licitas o que sean consecuencia normal o fortuita de ellas.

"52. Los castigos también pueden conllevar la muerte. Por ejemplo, el ACNUDH tuvo conocimiento del caso de dos varones adolescentes que fueron ejecutados después de que se los acusara de ser infiltrados de otro "sindicato"; de un minero de 27 años asesinado por un miembro de un "sindicato" porque supuestamente había tenido una aventura amorosa con su esposa; y de un joven que fue asesinado por haber robado presuntamente 25 gramos de oro. Según los informes recibidos por el ACNUDH, es frecuente que los cadáveres de mineros sean arrojados a pozos mineros abandonados que sirven de fosas clandestinas. El ACNUDH documentó cinco casos de personas que al parecer habían desaparecido mientras trabajaban en las minas entre 2016 y 2020. Según sus familiares, los habitantes de la zona tenían miedo a hablar de las desapariciones. Los familiares que buscaban a los desaparecidos denunciaron la falta de apoyo de las autoridades, incluidas las agencias de investigación, en sus esfuerzos por descubrir la verdad y obtener justicia."[129]

---

[129] ACNUDH. Op. Cit. p. 10.

Crimen esclavitud sexual y prostitución forzada, o cualquier otra forma de violencia sexual de gravedad comparable	Comentarios

Artículo 7 1) g)-2 Crimen de lesa humanidad de esclavitud sexual (Nota 17)

o Elementos

1. Que el autor haya ejercido uno de los atributos del derecho de propiedad sobre una o más personas, como comprarlas, venderlas, prestarlas o darlas en trueque, o todos ellos, o les haya impuesto algún tipo similar de privación de libertad (Nota 18).

2. Que el autor haya hecho que esa o esas personas realizaran uno o más actos de naturaleza sexual.

3. Que la conducta se haya cometido como parte de un ataque generalizado o sistemático dirigido contra una población civil.

4. Que el autor haya tenido conocimiento de que la conducta era parte de un ataque generalizado o sistemático dirigido contra una población civil o haya tenido la intención de que la conducta fuera parte de un ataque de ese tipo.

o Notas al pie de página

Nota 17: Dado el carácter complejo de este crimen, se reconoce que sus autores podrían ser dos o más personas con un propósito delictivo común.

Nota 18: Se entiende que ese tipo de privación de libertad podrá, en algunas circunstancias, incluir la exacción de trabajos forzados o la reducción de otra manera a una persona a una condición servil, según se define en la Convención suplementaria sobre la abolición de la esclavitud, la trata de esclavos y las instituciones y prácticas análogas a la esclavitud, de 1956. Se entiende además que la conducta

La prostitución forzada es y la esclavitud sexual se identifican por el ejercicio ilícito de cualquiera de los atributos de propiedad: comprar, vender, prestar o dar en trueque, más la realización de actos de naturaleza sexual.

Ello, dentro de los actos de atque sistemático o generalizado a la población civil. Es un crimen complejo que puede estar acompañado de trabajo forzado por parte de las víctimas.

La MIIDH ha identificado conductas que pueden subsumirse en este tipo penal, a saber:

"41. Diversos testimonios documentados por el ACNUDH describen elevados niveles de explotación laboral, trata y violencia debido a la existencia de un sistema de corrupción y soborno impuesto por los grupos que controlan las minas, mediante el cual esos grupos pagan a algunos comandantes militares para mantener su presencia y sus actividades ilegales."

"46. Las mujeres también se dedican a la minería y a todo tipo de actividades relacionadas con el sector, trabajando, por ejemplo, como vendedoras. Muchas se trasladan a las minas para trabajar como cocineras. Varios testimonios destacaron que desde 2016 se había observado un fuerte aumento de la prostitución, la explotación sexual y la trata en las zonas mineras, también de niñas adolescentes. La prostitución se organiza en las localidades cercanas o en las llamadas "currutelas", que son bares construidos con tablones de madera situados dentro de las zonas mineras, cuyos propietarios pagan una descrita en este elemento incluye el tráfico de personas, en particular de mujeres y niños.

Crimen de desaparición forzada de personas

2. A los efectos del párrafo 1:

i) Por "desaparición forzada de personas" se entenderá la aprehensión, la detención o el secuestro de personas por un Estado o una organización política, o con su autorización, apoyo o aquiescencia, seguido de la negativa a admitir tal privación de libertad o dar información sobre la suerte o el paradero de esas personas, con la intención de dejarlas fuera del amparo de la ley por un período prolongado.

o   Elementos

Artículo 7 1) i) Crimen de lesa humanidad de desaparición forzada de personas (Nota 23), (Nota 24).

1. Que el autor: a) Haya aprehendido, detenido (Nota 25), (Nota 26) o secuestrado a una o más personas; o b) Se haya negado a reconocer la aprehensión, la detención o el secuestro o a dar información sobre la suerte o el paradero de esa persona o personas.

2. a) Que tal aprehensión, detención o secuestro haya sido seguido o acompañado de una negativa a reconocer esa privación de libertad o a dar información sobre la suerte o el paradero de esa persona o personas; o b) Que tal negativa haya estado precedida o acompañada de esa privación de libertad.

3. Que el autor haya sido consciente de que (Nota 27): a) Tal aprehensión, detención o secuestro sería seguido en el curso normal de los acontecimientos de una negativa a reconocer la privación de libertad o a dar información sobre la suerte o el paradero de esa

cuota a los grupos delictivos para poder funcionar."[130]

Comentarios

La definición que da el ERCPI sobre desaparición forzada asimila 3 verbos rectores de la conducta ilícita: aprehender, detener y secuestrar, bien sea por el Estado o una organización política, bien sea autorizado, con su apoyo o aquiescencia. Seguidamente, con la negativa a informar sobre la privación de la libertad de la victima o acerca de su paradero con el fin de dejarla desamparadas por las leyes durante un tiempo prolongado. No precisa la duración de ese tiempo. Mo obstante, se trata de lapsos superiores a un día, al menos.

La negativa a reconocer la aprehensión, detención o el secuestro es la señal indicativa que requiere el tipo penal. Asimismo, a informar sobre su paradero o la suerte de las víctimas. Es una constante que se niegue asistencia médica y jurídica al detenido, además del mínimo de contacto con sus familiares.

En los casos señalados es recurrente el hecho de la actuación de agentes de distintas organizaciones militares y policiales del Estado: DGCIM, SEBIN, GNB, CICPC y otras.

En los casos identificados, debe precisarse el dolo, es decir, la intención de privar a la victima del amparo jurídico. Por eso se destaca el aislamiento respecto de sus abogados y/o familiares.

---

[130]   ACNUDH. Ob. Cit. p. 12.

persona o personas (Nota 28); o b) Tal negativa estuvo precedida o acompañada de esa privación de libertad.

4. Que tal aprehensión, detención o secuestro haya sido realizada por un Estado u organización política o con su autorización, apoyo o aquiescencia.

5. Que tal negativa a reconocer la privación de libertad o a dar información sobre la suerte o el paradero de esa persona o personas haya sido realizada por un Estado u organización política o con su autorización o apoyo.

6. Que el autor haya tenido la intención de dejar a esa persona o personas fuera del amparo de la ley por un período prolongado.

7. Que la conducta se haya cometido como parte de un ataque generalizado o sistemático dirigido contra una población civil.

8. Que el autor haya tenido conocimiento de que la conducta era parte de un ataque generalizado o sistemático dirigido contra una población civil o haya tenido la intención de que la conducta fuera parte de un ataque de ese tipo.

o   Notas al pie de página:

Nota 23: Dado el carácter complejo de este crimen, se reconoce que en su comisión participará normalmente más de un autor con un propósito delictivo común.

Nota 24: El crimen será de la competencia de la Corte únicamente si el ataque indicado en los elementos 7 y 8 se produjo después de la entrada en vigor del Estatuto.

La MIIDH pudo indagar sobre este tipo de conductas, con el agravante de los sitios clandestinos de reclusión, de esta forma:

"62. Una vez detenidos, se desconocía el paradero de las personas durante períodos que iban de unos pocos días a más de una semana. No se les permitía llamar a sus familiares o abogados/as para informarles de su detención o paradero. Cuando los familiares se dirigían a las autoridades de las oficinas de la DGCIM para preguntar por su paradero, en algunos casos no se les proporcionaba información y en otros se negaba el paradero de la víctima. La Misión tiene motivos razonables para creer que se trata de desapariciones forzadas de corta duración."[131]

"243. En total, la Misión documentó 19 detenciones arbitrarias y desapariciones forzadas de corta duración de militares, las cuales fueron sostenidas por fiscales y jueces mediante la emisión de órdenes de aprehensión ex post facto. 1109 La mayoría de estas órdenes fueron emitidas por dos jueces militares. En todos los casos, la DGCIM retuvo a las personas detenidas sin supervisión legal durante un período de aproximadamente una semana, durante el cual funcionarios presuntamente perpetraron graves actos de tortura psicológica, física y sexual durante los interrogatorios en La Boleíta o en lugares clandestinos."[132]

---

[131]   MIDH (2020). Op. Cit. p. 8.

[132]   MIDH (2021). Op. Cit. p. 110 y 111.

Nota 25: La palabra "detenido" incluirá al autor que haya mantenido una detención existente.

Nota 26: Se entiende que, en determinadas circunstancias, la aprehensión o la detención pudieron haber sido legales.

Nota 27: Este elemento, incluido a causa de la complejidad de este delito, se entiende sin perjuicio de la introducción general a los elementos de los crímenes.

Nota 28: Se entiende que, en el caso del autor que haya mantenido detenido a alguien que ya lo estaba, se daría ese elemento si el autor fuese consciente de que esa negativa ya había tenido lugar.

Crimen de otros actos inhumanos

Artículo 7) 1) k) Otros actos inhumanos de carácter similar que causen intencionalmente grandes sufrimientos o atenten gravemente contra la integridad física o la salud mental o física.

o Elementos del crimen

Artículo 7 1) k) Crimen de lesa humanidad de otros actos inhumanos

Elementos

1. Que el autor haya causado mediante un acto inhumano grandes sufrimientos o atentado gravemente contra la integridad física o la salud mental o física.

2. Que tal acto haya tenido un carácter similar a cualquier otro de los actos a que se refiere el párrafo 1 del artículo 7 del Estatuto (Nota 30).

3. Que el autor haya sido consciente de las circunstancias de hecho que determinaban el carácter del acto.

4. Que la conducta se haya cometido como parte de un ataque generalizado o sistemático dirigido contra una población civil.

Comentarios

Este crimen es de los más complejos, en la medida en que es un tipo penal abierto, inespecífico, sujeto a la evaluación en cada caso, según se produzcan grandes sufrimientos o que se constituya en un atentado contra la integridad física o la salud mental de las víctimas.

El tipo penal exige que se identifique el acto de inhumanidad que sea causante de grandes sufrimientos o atentado gravemente contra la integridad física o la salud mental o física.

Además, que el acto inhumano tenga un carácter similar a cualquiera de los otros actos a que se refiere el artículo 7 del ERCPI, con lo cual se precisa que no es un delito por analogía, sino que se trata de una norma penal en blanco o de reenvío.

Implica que los autores estén conscientes de las circunstancias de hecho que determinaron el carácter del acto.

89

5. Que el autor haya tenido conocimiento de que la conducta era parte de un ataque generalizado o sistemático dirigido contra una población civil o haya tenido la intención de que la conducta fuera parte de un ataque de ese tipo.

o Nota al pie de página

Nota 30: Se entiende que "carácter" se refiere a la naturaleza y la gravedad del acto.

También, que el autor esté en conocimiento acerca de que la conducta es parte del ataque sistemático o generalizado dirigido contra la población civil o hubiese tenido la intención de que la conducta fuese parte de ese ataque.

El empobrecimiento de un 81,5% en 2022 de la población venezolana constituye un acto inhumano que produce grandes sufrimiento físicos y mentales de todos los venezolanos.

Dicho sufrimiento alcanza niveles superlativos en los pueblos y comunidades indígenas, quienes por su aislamiento ancestral y su exclusión de los beneficios de la vida urbana en lo laboral y acceso a alimentos y medicinas se refiere, los hace dependientes de los productos naturales de la selva.

La destrucción de los suelos y los bosques causado por la extracción minera desmedida genera un sufrimiento insoportable en estos pueblos y comunidades indígenas.

La emigración forzada de miles de indígenas a Brasil, Colombia y Guyana, por ejemplo, es un indicativo d e ese sufrimiento.

VII. EL MARCO CONSTITUCIONAL INDIGENISTA Y SUS VIOLACIONES

La CRBV[133] es el punto de partida para identificar la anomalía jurídica del AMO y su abierta demolición como carta de DDHH, lo cual se inserta dentro de lo que se ha llamado un Estado Dual o anómico, es decir, una modalidad autoritaria y antidemocrática estatal

---

[133] Motor Minero, *Marco jurídico de la actividad minera de Venezuela*. Disponible en: http://www.desarrollominero.gob.ve/wp-content/uploads/2019/02/marco-legal-base-legal.pdf.

que consiste en mantener vigente una constitución de fachada democrática, pero inaplicada y sin vigor real, que coexiste con una legislación, regulaciones y planes totalmente opuestos e inconstitucionales, pero aplicados de forma material a pesar de su obvia ilegitimidad e inconstitucionalidad. Se trata, entonces de implantar el sistema socialista en oposición a la democracia basada en las libertades y derechos humanos, expresado en todos los decretos de esta forma: "Con el supremo compromiso y voluntad de lograr la mayor eficacia política y calidad revolucionaria en la construcción del socialismo, la refundación del Estado venezolano ..."

La CRBV incluye los derechos de los pueblos y comunidades indígenas como un Capítulo especial del Título III de su texto referido a los DDHH que reconoce, consagra y garantiza. En tal sentido, el incumplimiento o violación sistemáticos y constantes de tales derechos por parte del Estado puede ser considerado como una supresión de estos. Así las cosas, la CRBV sirve como una fachada, pero la legislación, los Planes de la Patria[134] y las políticas la contradicen.

A pesar de una carta de derechos humanos impecable, la legislación la ha destruido en abierta violación de las disposiciones del PDCP y del PDESC y, de iure, los derechos de los pueblos y comunidades indígenas y los derechos ambientales han sido menoscabado en extremo, al punto de ser inexistentes en la práctica.

- *La constitución y los derechos indígenas*

Constitución de la República Bolivariana de Venezuela
Capítulo VIII
De los derechos de los pueblos y comunidades indígenas

Artículos	Comentarios
Artículo 119. El Estado reconocerá la existencia de los pueblos y comunidades	El reconocimiento de la existencia de los pueblos y comunidades indígenas es un tema de la propaganda oficial del GN y las instituciones

---

[134]   1) PROYECTO NACIONAL SIMÓN BOLÍVAR PRIMER PLAN SOCIALISTA, DESARROLLO ECONÓMICO Y SOCIAL DE LA NACIÓN 2007-2013. Disponible en: http://www.mppp.gob.ve/wp-content/uploads/2018/05/Plan-de-la-Naci%C3%B3n-2007-2013.pdf; 2) PLAN DE LA PATRIA SEGUNDO PLAN SOCIALISTA DE DESARROLLO ECONÓMICO Y SOCIAL DE LA NACIÓN, 2013-2019. Disponible en: https://observatorio-planificacion.cepal.org/es/planes/plan-de-la-patria-2013-2019-de-venezuela 3) Plan de la Patria 2019-2025. Disponible en: http://www.mppp.gob.ve/wp-content/uploads/2019/04/Plan-Patria-2019-2025.pdf.

indígenas y comunidades indígenas, su organización social, política y económica, sus culturas, usos y costumbres, idiomas y religiones, así como su hábitat y derechos originarios sobre las tierras que ancestral y tradicionalmente ocupan y que son necesarias para desarrollar y garantizar sus formas de vida. Corresponderá al Ejecutivo Nacional, con la participación de los pueblos y comunidades indígenas, demarcar y garantizar el derecho a la propiedad colectiva de sus tierras, las cuales serán inalienables, imprescriptibles, inembargables e intransferibles de acuerdo con lo establecido en esta Constitución y la ley.

controladas por este. No obstante, se trata de letra muerta. En la práctica, los indígenas no son ciudadanos ni reconocidos como personas titulares de DDHH, ostentan una *capiti diminutio maxima*.

El AMO, tanto en su concepción jurídica como en su aplicación fáctica, implica una privación de los derechos de los pueblos y comunidades indígenas por parte del Estado. Se trata de una evidente transgresión inconsulta y sin información previa al derecho humano al hábitat y demás derechos originarios de los pueblos y comunidades indígenas sobre las tierras afectadas por la actividad extractiva que aquel realiza.

Hasta el momento, no se ha realizado la demarcación de las tierras indígenas en la zona afectada por el AMO. Tampoco se sabe si esto se iniciará en algún momento.

Artículo 120. El aprovechamiento de los recursos naturales en los hábitats indígenas por parte del Estado se hará sin lesionar la integridad cultural, social y económica de los mismos e, igualmente, está sujeto a

La opacidad sobre los beneficios obtenidos en al AMO es total. No existe un mecanismo observable y transparente de rendición de cuentas de CAMIMPEG,[135] de la CVM, de las empresas mixtas ni de la mediana y pequeña minería.

Además, llama la atención que la palabra "indígena" no aparece mencionada en el Decreto[136] de creación del AMO, así como en los Estatutos[137] de

---

[135] Control Ciudadano, *A seis años de la creación de CAMIMPEG, el país sigue sin conocer el manejo y alcance de las operaciones de esta empresa militar*, Feb 14, 2022. Disponible en: https://www.controlciudadano.org/noticias /control-ciudadano-a-seis-anos-de-la-creacion-de-camimpeg-el-pais-sigue-sin-conocer-el-manejo-y-alcance-de-las-operaciones-de-esta-empresa-militar/.

[136] Presidencia de la República, Decreto Número 2.248 mediante el cual se crea la Zona de Desarrollo Estratégico Nacional "Arco Minero del Orinoco", Gaceta Oficial Número 40.855 de fecha 24 de febrero de 2016. Disponible en: https://pandectasdigital.blogspot.com/2016/02/gaceta-oficial -de-la-republica_27.html.

[137] MPPDME, Modificación del Acta Estatutaria de la Corporación Venezolana de Minería, Gaceta Oficial Número 41.000 de fecha 330 de septiembre

previa información y consulta a las comunidades indígenas respectivas. Los beneficios de este aprovechamiento por parte de los pueblos y comunidades indígenas están sujetos a la Constitución y a la ley.

la CVM ni los de CAMIMPEG; mucho menos, están identificados ni establecidos como se les aportarían los pueblos y comunidades indígenas los beneficios obtenidos en la explotación minera establecidos en la CRBV. De la misma manera, tampoco los Planes de la Patria ni el Plan Sectorial de los Pueblos y comunidades indígenas 2015[138] dicen algo sobre cuáles serían los beneficios que podrían obtener los pueblos y comunidades indígenas.

Se desconoce en qué consiste y como se materializaría el aprovechamiento de los recursos naturales por parte del Estado. También es desconocido cuánto les corresponde a los pueblos y comunidades indígenas autóctonos y cómo se deben distribuir los beneficios obtenidos por la explotación minera realizada por el Estado, producto del aprovechamiento de los materiales obtenidos en el territorio indígena.

Lo que se evidencia, más bien, es la repetición del patrón heredado de la colonia de esclavizar a los indígenas y darle a cambio objetos tales como machetes, cuchillos y otros implementos de escaso valor en comparación con la riqueza obtenida en la expoliación minera.

El AMO fue creado sin la obligatoria consulta previa, libre e informada a los pueblos y comunidades indígenas afectados, en violación del derecho a la participación en los asuntos que les conciernen. Así, no consta en parte alguna de la documentación que exhiben los distintos organismos del GN que se les haya consultado. Incluso, al comparar el régimen constitucional y legal de la democracia con el de la actual gestión, afirman que existía "Violación del derecho a la consulta previa de los pueblos y comunidades indígenas".

---

de 2016. Disponible en: https://pandectasdigital.blogspot.com/2016/10/gaceta-oficial-de-la-republica_4.html.

[138] MPPP, PLAN SECTORIAL DE LOS PUEBLOS INDÍGENAS. AGENDA PROGRAMÁTICA DE LOS PUEBLOS INDÍGENAS EN LAS 7 LÍNEAS ESTRATÉGICAS DE ACCIÓN DEL PLAN DE LA PATRIA 2025. Disponible en: http://www.mppp.gob.ve/wp-content/uploads/2021/03/PLAN-SECTORIAL-DE-LOS-PUEBLOS-INDIGENAS.pdf; consultado el 01 de marzo de 2022.

Y ahora existe "garantía del derecho a la consulta previa, libre e informada de los pueblos y comunidades indígenas ".[139] De acuerdo con lo investigado, dicha consulta jamás se realizó, tal como lo confirma PROVEA (2016).[140]

El incumplimiento de este requisito esencial de la consulta a los indígenas para emitir un acto de tanta importancia y gravedad vicia de nulidad a este Decreto, tal como lo establece la CRBV, que dice así: "Artículo 25. Todo acto dictado en ejercicio del Poder Público que viole o menoscabe los derechos garantizados por esta Constitución y la ley es nulo, y los funcionarios públicos y funcionarias públicas que lo ordenen o ejecuten incurren en responsabilidad penal, civil y administrativa, según los casos, sin que les sirvan de excusa órdenes superiores."

También, los beneficios económicos derivados del AMO no aportan provecho alguno ni calidad de vida a los pueblos y comunidades indígenas concernidos. Por el contrario, se trata de un caso de esclavitud, como lo ha identificado el CDHUCAB (2022) en el cual gran parte de los aborígenes son explotados y están excluidos de las ingentes ganancias obtenidas por el Estado, así como por parte de los grupos irregulares y la delincuencia organizada. Si acaso reciben algunos bienes tales como machetes, cuchillos, franelas y otros objetos, lo cual recuerda el trueque con espejitos, baratijas y cuentas de vidrio de la época de la colonia.

En conclusión, la concepción, la puesta en marcha, la ejecución y el alcance del AMO se han realizado como un acto continuado de discriminación de los pueblos y comunidades indígenas concernidos en sus territorios ancestrales, concebidos estos como su hogar, al omitir efectuar la consulta de todos ellos y, sobre todo, al impedir la obtención de beneficios económicos, tal como lo dispone la CRBV.

---

[139] MPDME, *Arco Minero del Orinoco (AMO): un modelo de minería responsable*. Disponible en: http://www.desarrollominero.gob.ve/zona-de-desarrollo-estrategico-nacional-arco-minero-del-orinoco/.

[140] PROVEA: *Decreto del Arco Minero suspende garantías constitucionales en 12,2% del territorio venezolano*. Disponible en: https://www.civilisac.org/alertas/provea-decreto-del-arco-minero-suspende-garantias-constitucionales-en-122-del-territorio-venezolano.

En tal sentido, se incurre en una violación de la prohibición establecida en el artículo 10 de la LCDR y los autores de ello podrían ser considerados responsables penalmente por sus actos y omisiones. Además. Se viola la Convención Internacional sobre la Eliminación de todas las Formas de Discriminación Racial de 1965, la cual fue aprobada por el Congreso de la República de Venezuela en 1967.[141]

Finalmente, no se ha dictado Ley alguna que regule la materia del beneficio que corresponde los pueblos y comunidades indígenas por el aprovechamiento de los recursos que realice el Estado.

Artículo 121. Los pueblos y comunidades indígenas tienen derecho a mantener y desarrollar su identidad étnica y cultural, cosmovisión, valores, espiritualidad y sus lugares sagrados y de culto. El Estado fomentará la valoración y difusión de las manifestaciones culturales de los pueblos y comunidades indígenas, los cuales tienen derecho a una educación propia y a un régimen educativo de carácter intercultural y bilingüe, atendiendo a sus particularidades socioculturales, valores y tradiciones.

Además, según lo dispuesto en la creación del AMO, se suspendieron *de facto*, desde entonces, los derechos de los indígenas a su identidad étnica y cultural y se viola el principio de preeminencia de los derechos humanos consagrado en el artículo 2 de la CRBV relativo a la prevalencia del interés general sobre Intereses particulares

Se observa, más bien, que los pueblos y comunidades indígenas se han convertido en el principal obstáculo de la política extractiva del Estado venezolano, tal como se deriva del decreto de creación del AMO.

Asimismo, los convierte en potenciales sujetos de sanciones leales por arte de los organismos de seguridad, a saber:

Artículo 25 del Decreto de creación del AMO: "Ningún interés particular, gremial, sindical, de asociaciones o grupos, o sus normativas, prevalecerá sobre el interés general en el cumplimiento del objetivo contenido en el presente decreto. Los sujetos que ejecuten o promuevan actuaciones materiales tendentes a la obstaculización de las operaciones totales o parciales, de las actividades productivas de la Zona de Desarrollo Estratégica creada en este decreto serán sancionados conforme al ordenamiento jurídico aplicable. Los

---

[141] Congreso de la República, Ley Aprobatoria de la Convención Internacional sobre la Eliminación de todas las Formas de Discriminación Racial de 1965. Disponible en: https://ms-my.facebook.com/GacetaOficial/photos /a.8383 83 539548016/4889475394438790/?type=3

organismos de seguridad del estado llevarán a cabo las acciones Inmediatas necesarias para salvaguardar el normal desenvolvimiento de las actividades previstas en los Planes de la Zona de Desarrollo Estratégico Nacional Arco Minero del Orinoco, así como la ejecución de lo dispuesto en este artículo."

Artículo 122. Los pueblos y comunidades indígenas tienen derecho a una salud integral que considere sus prácticas y culturas. El Estado reconocerá su medicina tradicional y las terapias complementarias, con sujeción a principios bioéticos.	El AMO desconoce el derecho al hábitat y derechos originarios de los pueblos y comunidades indígenas al actuar sin evaluación conocida que se haya realizado por expertos y tomando en cuenta su voluntad. El AMO lesiona la integridad cultural, social y económica de los indígenas: de ser cazadores, pescadores y recolectores, han pasado, algunos de ellos a ser mineros en condiciones de esclavitud, tal como ha sido documentado por el CDHUCAB y diferentes ONG.

En otras palabras, se trata de un proceso de transculturización inédito y violento impulsado por el Estado venezolano, lo cual le imprime un grado altísimo de violencia sistémica, estructural e institucional.

La destrucción de gran parte del hábitat también impacta negativamente la posibilidad de conseguir las plantas y minerales que constituyen la materia prima de la medicina tradicional de los pueblos y comunidades indígenas |
| Artículo 123. Los pueblos y comunidades indígenas tienen derecho a mantener y promover sus propias prácticas económicas basadas en la reciprocidad, la solidaridad y el intercambio; sus actividades productivas tradicionales, su participación en la economía nacional y a definir sus prioridades. Los pueblos y comunidades indígenas tienen derecho a servicios de formación profesional y a participar en la elaboración, ejecución y gestión de programas específicos de | Irrespetando los derechos laborales de los indígenas, sometidos a un sistema de esclavitud moderna en actividades mineras forzadas y en la prostitución, tal como ha sido documentado por el CDHUCAB (2022).

Se desconoce si el Estado ha realizado actividades de formación profesional, capacitación laboral, asistencia técnica y financiera que fortalezcan las actividades tradicionales indígenas.

Mas bien, actividades de guardería ambiental y de tipo turístico con preservación de los ecosistemas en las que participaban los indígenas han sido impactadas negativamente, al punto de ser asesinados varios de los guardias ambientales en diversos lugares de la región. |

capacitación, servicios de asistencia técnica y financiera que fortalezcan sus actividades económicas en el marco del desarrollo local sustentable. El Estado garantizará a los trabajadores y trabajadoras pertenecientes a los pueblos y comunidades indígenas el goce de los derechos que confiere la legislación laboral.

Artículo 124. Se garantiza y protege la propiedad intelectual colectiva de los conocimientos, tecnologías e innovaciones de los pueblos y comunidades indígenas. Toda actividad relacionada con los recursos genéticos y los conocimientos asociados a los mismos perseguirán beneficios colectivos. Se prohíbe el registro de patentes sobre estos recursos y conocimientos ancestrales.

Se desconoce que se haya protegido legalmente alguna tecnología o innovación proveniente de los pueblos y comunidades indígenas, a pesar de la propaganda oficial.[142]

Es sabido que los saberes indígenas son abundantes en alimentos, farmacología y artesanías. Sin embargo, carecen de mecanismos de protección legal de denominación de origen de estos.

Artículo 125. Los pueblos y comunidades indígenas tienen derecho a la participación política. El Estado garantizará la representación indígena en la Asamblea Nacional y en los cuerpos deliberantes de las entidades federales y locales con población indígena, conforme a la ley.

Sin respeto a su opinión política, sometidos a un régimen de elecciones de segundo grado.

Violando sus derechos como ciudadanos venezolanos, manteniendo un mayor aislamiento e invisibilidad como personas humanas.

Artículo 126. Los pueblos y comunidades indígenas, como culturas de raíces ancestrales, forman parte de

El maltrato dado a los pueblos y comunidades indígenas con la creación del AMO refleja una cualidad de inferioridad respecto del resto de los connacionales.

---

[142] Servicio Autónomo de Propiedad Intelectual, *Venezuela promueve conocimientos tradicionales indígenas y producción de café y cacao en la OMPI.* Disponible en: https://sapi.gob.ve/venezuela-promueve-conocimientos-tradicionales-indigenas-y-produccion-de-cafe-y-cacao-en-la-ompi/; y https://sapi.gob.ve/ompi-promueve-estrategias-para-fortalecer-el-derecho-de-autor-en-comunidades-indigenas/

la Nación, del Estado y del pueblo venezolano como único, soberano e indivisible. De conformidad con esta Constitución tienen el deber de salvaguardar la integridad y la soberanía nacional.

El término pueblo no podrá interpretarse en esta Constitución en el sentido que se le da en el derecho internacional

- *La irresponsabilidad penal civil y administrativa del Estado venezolano y sus empresas mineras*

De acuerdo con la legislación penal venezolana, las empresas mineras pertenecientes al Estado venezolano no son responsables en lo penal, civil ni administrativo. Eso quiere decir que existe un velo corporativo que actúa como dispensa legal o, mejor dicho, una impunidad *de iure*, como se verá más adelante. Dicha inmunidad legal es una prerrogativa que se otorga el Estado a si mismo que se convierte en un factor criminógeno, o sea, que genera las condiciones corrumpentes para que se cometan hechos criminales en gran escala por parte del Estado y sus empresas y que estos queden impunes.

Se trata de un privilegio que forma parte de un diseño legal que permite la total impunidad legal en lo penal, civil y administrativo del Estado y sus empresas ante delitos graves organizados. De suerte que impide que se investiguen los hechos y que se procesen ante los tribunales penales, civiles y administrativos por cualquier hecho atroz en la que participen activa o pasivamente. Al final, nadie será responsable, debido a esta exoneración legal del Estado y sus empresas por los delitos organizados. Esta anomalía junto con la Gran Corrupción puede considerase como las causas eficientes de las atrocidades que se perpetran en el territorio del AMO y que se extiende a los estados vecinos de Amazonas y del Delta Amacuro.

Para entender esta afirmación, es necesario precisar lo que dicen las normas legales relativas a la responsabilidad penal, civil y administrativa de las personas jurídica en graves hechos, tales como la delincuencia organizada y el terrorismo. Dentro de esta regla, rige la excepción para el Estado y sus empresas, exceptuados de forma radical de cualquier tipo de responsabilidad legal.

Dice así la Ley Orgánica de Administración Pública:[143]

Empresas del Estado según la Ley Orgánica de Administración Pública	Comentarios
Artículo 103. Las Empresas del Estado son personas jurídicas de derecho público constituidas de acuerdo a las normas de derecho privado, en las cuales la República, los estados, los distritos metropolitanos y los municipios, o alguno de los entes descentralizados funcionalmente a los que se refiere el presente Decreto con Rango, Valor y Fuerza de Ley Orgánica, solos o conjuntamente, tengan una participación mayor al cincuenta por ciento del capital social.	En otras palabras, tanto CAMINPEG y la CMV son empresas del Estado, dado que le pertenecen a este en un 100%. En consecuencia, rige para ellas la excepción de no tener responsabilidad penal, civil y administrativa por cualquier delito organizado y de terrorismo, en los términos fijados por la LOCDOFT que incluye todos los delitos (Fernández, 2003)[144] del COPENAL y de las leyes penales especiales.[145]
LOCDOFT. Artículo 31. Responsabilidad de las personas jurídicas	Comentarios
Las personas jurídicas, con exclusión del Estado y sus empresas, son responsables civil, administrativa y penalmente de los hechos punibles relacionados con la delincuencia organizada y el financiamiento al terrorismo cometidos por cuenta de ellas, por sus órganos directivos o sus representantes. Cuando se trate de personas jurídicas del sistema bancario, financiero o cualquier otro sector de la economía, que intencionalmente cometan o contribuyan a la comisión de delitos de	La consecuencia de consagrar legalmente la inmunidad penal, civil y administrativa del Estado y sus empresas, bajo la instauración del Estado Dual y la ejecución de la política extractiva en minería, tal como se ha expuesto, es la impunidad de todos los delitos que se cometan bajo el manto corporativo de la institución pública, tanto en lo administrativo como en lo empresarial. Esto es que, no serían investigables ni castigables los delitos de tráfico de drogas ni de minerales

---

143 Presidencia de la República, Decreto N° 1.424 de fecha 17 de noviembre de 2014, con Rango, Valor y Fuerza de Ley Orgánica de la Administración Pública, publicado en la Gaceta Oficial de la República Bolivariana de Venezuela N° 6.147 Extraordinario de esa misma fecha. Disponible en: https://pandectasdigital.blogspot.com/2016/05/decreto-con-rango-valor-y-fuerza-de-ley.html

144 FERNÁNDEZ, Fernando M.: *Crímenes, delitos y faltas vigentes en Venezuela*. Editorial LIVROSCA. Caracas, 2003.

145 Asamblea Nacional, LOCDOFT: Artículo 27. Calificación como delitos de delincuencia organizada: Se consideran delitos de delincuencia organizada, además de los tipificados en esta Ley, todos aquellos contemplados en el Código Penal y demás leyes especiales, cuando sean cometidos o ejecutados por un grupo de delincuencia organizada en los términos señalados en esta Ley. También serán sancionados los delitos cometidos o ejecutados por una sola persona de conformidad con lo establecido en el artículo 4 de esta Ley.

delincuencia organizada y financiamiento al terrorismo, el Ministerio Público notificará al órgano o ente de control correspondiente para la aplicación de las medidas administrativas a que hubiere lugar.

estratégicos, legitimación de capitales o lavado de activos, terrorismo y su financiamiento, ambientales, así como homicidios y el sicariato, la esclavitud y el tráfico de personas, etc. Todos ellos, presumiblemente, cometido por los agentes del estado y sus empresas, previstos en la LOCDOFT, el COPENAL y las leyes penales especiales.

Así las cosas, en el sistema de botín y el Estado Dual no solo quedan impunes las decisiones y acciones delictivas corporativas, sino también las de los funcionarios que controlan y dirigen dicha organización, así se fortalece y encubre la cleptocracia la depredación del ambiente y del hábitat de los pueblos y comunidades indígenas afectados por el AMO. De paso, lo que no es punible, tampoco es investigable. Ejemplos: en crímenes de lesa humanidad como la tortura y la desaparición forzada, el Estado es irresponsable en lo penal, civil y administrativo. En delitos de corrupción, obviamente, también lo es. La conclusión es que el propósito de esta normativa forma parte de un plan criminal deliberado, consciente y minuciosamente construido para realizar la actividad extractiva brindando una inmunidad total parecido a una amnistía para extraer los minerales sin que haya responsabilidad alguna por parte de las empresas estatales y del Estado mismo.

Consecuencias de la inmunidad legal del Estado y sus empresas:

(i) Toda persona jurídica privada es responsable penal, civil y administrativamente por cualquiera de los delitos previstos en la LOCDOFT, o sea, más de 900 en más de 80 leyes penales, el COPENAL y la LOCDOFT.

   Societas -privata- delinquere potest. Quien es punible es investigable.

   Quien es responsable civil y administrativamente debe responder por los daños de sus acciones ante cualquier reclamo civil o ante la autoridad administrativa.

(ii) Ninguna persona jurídica de Derecho Público (Estado y sus empresas) tiene responsabilidad penal, civil ni administrativa por delito alguno (Societas -publica- delinquere non potest) Quien no es imputable ni punible tampoco es investigable.

Quien no responde civil ni administrativamente por los daños de sus actos, tampoco es demandable. No procede reclamo ni indemnización alguna.

(iii) Toda persona natural tiene responsabilidad penal por cualquiera de los delitos previstos en la LOCDOFT cuando sea órgano de una persona jurídica. Además, existe la responsabilidad civil y administrativa

(iv) Cualquier funcionario tiene responsabilidad penal por su conducta. Además, tiene responsabilidad civil, administrativa y disciplinaria.

Finalmente, otro de los mecanismos corrumpentes que se puso en práctica y que actúa como un potente factor criminógeno en torno a la actuación del crimen organizado y la penetración de sus agentes en el aparato estatal y las empresas públicas, incluidas las militares, es el de persona expuesta políticamente PEP, en el cual el legislador venezolano omitió dos cosas fundamentales que exigen los estándares internacionales: (i) mencionar expresamente al Jefe de Estado como un PEP; y (ii) incluir a las empresas del Estado como PEP domésticas.

Al excluir a estos dos actores tan importantes en el quehacer económico, también se impide investigar y enjuiciar a sus íntimos asociados o testaferros. De esta forma, se eludió cualquier tipo de control preventivo y represivo sobre cualquier delito de los tipificados en la legislación penal y, especí-

La responsabilidad penal de la persona jurídica prevista en la LOCDOFT

LOCDOFT. Artículo 32

Sanciones a las personas jurídicas El juez o jueza competente impondrá en la sentencia definitiva cualquiera de las siguientes sanciones de acuerdo a la naturaleza del hecho cometido, su gravedad, las consecuencias para la empresa y la necesidad de prevenir la comisión de hechos punibles por parte de éstas:

1.- Clausura definitiva de la persona jurídica en el caso de la comisión intencional de los delitos tipificados en esta Ley. 2.- La prohibición de realizar actividades comerciales, industriales, técnicas o científicas. 3.- La confiscación o decomiso de los instrumentos que sirvieron para la comisión del delito, de las mercancías ilícitas y de los productos del delito en todo caso. 4.- Publicación íntegra de la sentencia en uno de los diarios de mayor circulación nacional a costa de la persona jurídica en todo caso. 5.- Multa equivalente al valor de los capitales, bienes o haberes en caso de legitimación de capitales o de los capitales, bienes o haberes producto del delito en el caso de aplicársele la sanción del numeral 2 de este artículo. 6.- Remitir las actuaciones a los órganos y entes correspondientes a los fines de decidir la revocatoria de las concesiones, habilitaciones y autorizaciones administrativas otorgadas por el Estado.

ficamente, los delitos propios de la delincuencia organizada, como los de corrupción, por ejemplo.

Las penas se aplicarán, exclusivamente, a las personas jurídicas privadas, o sea, empresas, ONG, fundaciones y rodo tipo de asociación civil, industrial o comercial.

El alcance de las penas a personas jurídicas privadas es draconiano, al prever la clausura definitiva y la prohibición de realizar cualquier tipo de actividades comerciales, industriales, técnicas o científicas.

En el derecho comparado, las penas a personas jurídicas se limitan a multas severas y a obligaciones de hacer y de no hacer.

VIII. CONCLUSIONES Y RECOMENDACIONES

1. Los pueblos y comunidades indígenas son víctimas de una violencia sistémica, estructural e institucional derivada de la política estatal del AMO y la aquiescencia oficial con diferentes grupos irregulares que se dedican a la minería ilegal.

2. A ello se suma la posverdad y propaganda oficialista que ocultan las realidades de los hechos: una forma de violencia psicológica que disfraza las atrocidades, delitos y abusos que se cometen día a día en la amazonia venezolana, con alto impacto en los países vecinos.

3. En ejercicio de la responsabilidad mundial de proteger, los Estados deben exigir al gobierno venezolano y demás autoridades mineras, tanto militares como civiles, públicas y privadas, el cumplimiento de los estándares y normas previstos en la DUDH y la DNUDPI, así como el PIDESC y el PIDCP, además de los diferentes Pactos, Declaraciones y Convenciones Internacionales relacionados con el ambiente y los pueblos y comunidades indígenas.

4. El impacto de la migración forzada de los pueblos y comunidades indígenas venezolanas en Brasil, Guyana y Colombia, los tres países colindantes al sur de Venezuela es dramático. La Amazonía completa está altamente afectada por ello, así como el planeta entero por el impacto ecológico de la forma extractiva emprendida por el Estado venezolano.

5. La violencia institucional y estructural reinante también abarca a la población civil de criollos que participan de forma directa o indirecta en las actividades extractivas y son víctimas de ejecuciones extrajudiciales, entre otras atrocidades perpetradas por agentes estatales y grupos irregulares, aun cuando, la vulnerabilidad de los integrantes de los pueblos y comunidades indígenas es mayor.

6. Los actores de la explotación minera del AMO y otras iniciativas en manos de irregulares perciben como "enemigos" a los pueblos y comunidades indígenas, por ser estos el principal obstáculo a tales desarrollos antiecológicos que destruyen su hábitat.

7. Hay una base razonable para concluir que los hechos identificados pueden subsumirse en varios de los crímenes tipificados en el ERCPI, comenzando por el de persecución, al suprimirles derechos a los pueblos y comunidades indígenas para su subsistencia, debido a motivos étnicos y a su rol de defensores de la selva.

8. Así, la OFCPI debe profundizar en el terreno y por los medios tecnológicos de investigación, según los estándares probatorios, en la hipótesis de genocidio y crímenes de lesa humanidad como persecución, asesinato, exterminio, encarcelación, desaparición forzada y esclavitud, al menos.

9. La MIIDH, también, tiene la capacidad técnica de documentar los crímenes identificados y podrá dar luces al respecto, tal como lo demuestra el 3er informe presentado al Consejo de Derechos Humanos el 21 de septiembre pasado. Por ello, su mandato debe ser renovado.

10. La ODPVCPI puede apoyar a los pueblos y comunidades indígenas en la representación de sus casos.

11. Venezuela carece de legislación apropiada para investigar y castigar las atrocidades que se cometen en perjuicio de los pueblos y comunidades indígenas.

12. El Estado venezolano y las empresas estatales son inmunes e impunes legalmente en lo penal, civil y administrativo y no responden por los delitos propios de delincuencia organizada, los del Código Penal y los de las leyes penales especiales, debido al velo corporativo consagrado en le LOCDOFT. Eso crea una condición que estimula la impunidad de las personas naturales que instrumentalizan al Estado y sus empresas, sen los máximos jerarcas, los mandos medios y los de más baja jerarquía. Esa situación es de enorme preocupación para las empresas privadas que participan en ese modelo corporativo, debido al riesgo legal y reputacional que les concierne.

13. El Estado venezolano tampoco tiene la voluntad de realizar investigaciones y castigar los delitos comunes y organizados que se cometen en contra de los miembros de los pueblos y comunidades indígenas.

14. El Estado venezolano tampoco ha iniciado investigaciones ni procesos de antejuicio de mérito contra ningún alto funcionario del Estado que pudiere estar vinculado a las decisiones y control de la organización en la ejecución de los delitos comunes y de criminalidad organizada contra los pueblos y comunidades indígenas, el ambiente y otros bienes jurídicos protegidos.

15. En consecuencia, la OFCPI puede ejercer sus facultades complementaria de investigación debido a la incapacidad y falta de voluntad del Estado venezolano para iniciar una investigación genuina y relevante a los posibles máximos responsables.

16. De la misma manera, la CPI podría y debería ejercer su jurisdicción en los casos que le presente la OFCPI al concluir su investigación.

17. La OFCPI debería continuar en el terreno la investigación iniciada sobre los hechos acontecidos en Venezuela y extender su conocimiento a los crímenes de 2014 e incluir los asesinatos, al menos.

18. La OFCPI debería incorporar los hechos identificados y expuestos en este informe y realizar las indagaciones en el terreno a que hubiere lugar y que permita precisar con mayor exactitud los hechos y los responsables directos y los mediatos (jefes y superiores).

19. La OEA, también, debería estudiar a fondo el impacto del AMO sobre los pueblos y comunidades indígenas en los países de la Amazonía y ejercer algún tipo de incidencia entre sus miembros. El Panel de Expertos podría hacer un aporte invalorable.

20. En un estudio aparte y complementario al presente, se deberá incluir los aspectos constitucionales relacionados con los derechos ambientales, considerados en la CRBV como transgeneracionales.

21. De la misma forma, deberá investigarse en lo atinente al uso de las fuerzas armadas en tareas distintas y contradictorias con su misión constitucional, las cuales están participando de manera activa en la perpetración de los hechos provenientes de la extracción y la minería ilegal.

22. Sería de mucho interés que se identificara el móvil de lucro ilícito y los delitos ambientales asociados por parte de autoridades civiles y militares que actúan en complicidad y al unísono de grupos irregulares como explicación del modus operandi ejecutado en la perpetración de los crímenes de competencia de la CPI.

23. De la misma manera, la OACNUDH puede incidir positivamente ante el Gobierno en la rectificación de esta política extractiva y sus secuelas.

24. Constituye un desafío la activación de la jurisdicción universal según la legislación de países vecinos, en lo que sea aplicable, de verificarse hechos como la matanza de Haximú, antes señalada.

25. Todo lo anterior debería ser un incentivo para que la Asamblea de Estados Partes del ERCPI apresure el estudio sobre la tipificación del crimen de ecocidio en una próxima enmienda de este.

26. Otro estudio que queda pendiente es el de la condición de víctimas de las mujeres, niñas y niños pertenecientes a los pueblos y comunidades indígenas, lo que requiere un abordaje especializado más profundo.

27. El tema de la responsabilidad penal de jefes y superiores civiles y/o militares y mandos medios y sus competencias en la cadena de mando, por ser este un tema multifactorial y complejo, deberá abordarse en un estudio aparte.

28. Lo mismo corresponde a un estudio complementario sobre los crímenes internacionales atribuibles a grupos organizados no estatales que perpetren contra los pueblos y comunidades indígenas.

29. Finalmente, toca realizar otro estudio sobre los delitos organizados y comunes, según tratados internacionales y la legislación interna en materia de corrupción, delincuencia organizada, contra del ambiente y otros bienes jurídicos protegidos.

IX. FUENTES CONSULTADAS

A) Bibliografía y artículos selectos

1. ALFARO PAREJA, Francisco, *La Independencia de Venezuela relatada en clave de paz.* Disponible en: https://dialnet.unirioja.es/servlet/tesis?codigo=80749.
2. BALZA, Ronald y otros Coordinador, UCAB, *Venezuela 2015. Economía, política y sociedad.* Disponible en: http://w2.ucab.edu.ve/tl_files/Publicaciones/VENEZUELA-2015.Economia%20,%20Politica%20y%20Sociedad%20%20.pdf .
3. BRICEÑO LEÓN, Roberto, *Los efectos perversos del petróleo.* Editorial El Nacional. Caracas, 2015.
4. DE LAS CASAS, Bartolomé, *Brevísima relación de la destrucción de las Indias.* Disponible en: https://enriquedussel.com/txt/Textos_200_Obras/PyF_siglo_XVI/Brevisima_relacion-Bartolome_Casas.pdf .
5. FERNÁNDEZ, Fernando M.: *Crímenes, delitos y faltas vigentes en Venezuela.* Editorial LIVROSCA. Caracas, 2003.
6. ..... : *Materiales de sangre: La extracción, tráfico y contrabando de materiales estratégicos (oro, diamantes, coltán y gasolina) en Venezuela. Su impacto en otros países de América Latina.* Disponible en: https://issuu.com/asociacioncivilpazactiva/docs/odomanual3-mineria-web ; y https://observatoriodot.org.ve/materiales-de-sangre/ . .
7. ..... : *Genocidio y otros crímenes atroces.* Editorial LIVROSCA, Caracas, 2018.

8. …..: *El derecho penal del enemigo como política del Estado venezolano.* Disponible en: https://accesoalajusticia.org/el-derecho-penal-del-enemigo-como-politica-del-estado-venezolano/ .

9. …..: *Todo enemigo se presume culpable.* Disponible en: https://provea.org/publicaciones/investigaciones/investigacion-especial-todo-enemigo-se-presume-culpable/ .

10. ….. : *Venezuela y el deber de proteger.* Disponible en: https://finanzasdigital.com/2019/03/venezuela-y-el-deber-de-proteger/ .

11. ….. : *¿Qué es genocidio?* ACIENPOL, Libro Homenaje a Eugenio Hernández-Bretón. Disponible en: https://urru.org/papers/DDHH/DDHH_2021_varios/202109_Que_es_genocidio_Fernando_Fernandez.pdf .

12. ….. : *Estado como botín. Crónicas del despojo del patrimonio público y privado en Venezuela.* Paz Activa, 2017. Disponible en: https://issuu.com/asociacioncivilpazactiva/docs/elestadocomobotin .

13. ….. : *Estado Dual o anómico. Efectos corrumpentes.* Editorial Académica Española. Mauricio, 2018.

14. ….. : *Militarización y politización de las policías en Venezuela. Sus efectos sobre la represión y el crimen de persecución en Venezuela a la luz de la Situación I bajo examen preliminar de la Fiscalía ante la CPI.* En Libro Homenaje a Pedro Nikken, Tomo II. Págs. 1047 a 1095. Disponible en: https://www.acienpol.org.ve/wp-content/uploads/2021/08/NIKKEN-TOMO-II.pdf .

15. ….. : *La detención arbitraria o crimen de encarcelación en Venezuela. Una atrocidad impune.* Disponible en: https://www.acienpol.org.ve/wp-content/uploads/2021/06/BOLETIN-162.-Enero-marzo-2021.pdf .

16. ….. : *¿Homicidio o asesinato? Análisis de la incapacidad de iure y de facto para investigar y castigar los crímenes de asesinato perpetrados en Venezuela a la luz de la complementariedad con la CPI.* Disponible en: https://www.jepvenezuela.com/wp-content/uploads/2021/12/informe-definitivo.pdf

17. Fundación Polar, *El mito de El Dorado*, Diccionario de Historia de Venezuela. Disponible en: https://bibliofep.fundacionempresaspolar.org/dhv/entradas/e/el-dorado-mito-de/ .

18. HERNÁNDEZ, María Gabriela, *VIDA, AMBIENTE Y DESA-RROLLO SOSTENIBLE Una Visión Integral desde Venezuela*. Disponible en: https://elucabista.com/wp-content/uploads/2020/11/VIDA-AMBIENTE-Y-DESARROLLO-SOSTENIBLE-LIBRO-A-BEDICIONES-DEF.pdf .

19. GUTIÉRREZ, Erick, *Desafíos de la justicia indígena en Venezuela: el caso Sabino Romero*. Disponible en: http://biblioteca.clacso.edu.ar/clacso/becas/20151123114435/3.pdf .

20. MOYA, Eumelis y otros. Centro de Derechos Humanos de la Universidad Católica Andrés Bello, *ESCLAVITUD-MODERNA-EN-PUEBLOS-Y-COMUNIDADES-INDIGENAS-EN-EL-ES-TADO-BOLIVAR*. Disponible en: https://ln5.sync.com/dl/4d5e4b960/4u2d3zp9-pqerhkyp-5kw24myn-zha5wack/view/doc/7874010810014 ; y https://cdh.ucab.edu.ve/lineas-tematicas/esclavitud-moderna/

21. RODRÍGUEZ, M. y Vladimir Aguilar, *El principio de jurisdicción universal y los crímenes económicos y ambientales en Venezuela*. Fundación Buria (PDF). Barquisimeto, 2020.

22. RUIZ, Francisco Javier, *El Arco Minero del Orinoco. Diversificación del extractivismo y nuevos regímenes biopolíticos*. Disponible en: https://nuso.org/articulo/el-arco-minero-del-orinoco/ .

23. TILLETT, Aimé, *Factores Determinantes De Tuberculosis Entre Los Indigenas Warao Del Delta Venezolano genética e Inmunidad*. Disponible en: https://ucv.academia.edu/AimeTillett .

24. UGALDE, Luis, *MITO, ILUSIONES Y MISERIA DE EL DORADO*, Discurso de incorporación como Miembro de la Academia de la Historia. Disponible en: https://elucabista.com/2018/01/31/mito-ilusiones-miseria-dorado/ .

25. USLAR PIETRI, Arturo, *Sembrar el petróleo*, Diario Ahora. Disponible en: https://camaradecaracas.com/cronicas-de-la-ciudad/sembrar-el-petroleo/ .

26. VITTI, Minerva, *La Covid-19 magnifica las violaciones a los derechos indígenas y pone en riesgo la sabiduría ancestral depositada en las y los mayores*. Revista SIC Digital. Disponible en: http://www.revistasic.gumilla.org/2020/la-covid-19-magnifica-las-violaciones-a-los-derechos-indigenas-y-pone-en-riesgo-la-sabiduria-ancestral-depositada-en-las-y-los-mayores/

B) Fuentes públicas oficiales y académicas

1. Asamblea Nacional, Ley Orgánica Contra la Delincuencia Organizada y Financiamiento al Terrorismo, publicada en Gaceta Oficial N° 39.912 del 30 de abril de 2012. Disponible en: https://www.saren.gob.ve/wp-content/themes/wordpress_saren_theme/descargas/3042012-3417.pdf.

2. Asamblea Nacional, Ley de Demarcación y Garantía del Hábitat y Tierras de los Pueblos Indígenas. Disponible en: https://pandectasdigital.blogspot.com/2017/03/ley-de-demarcacion-y-garantia-del.html

3. Asamblea Nacional, Ley de Reforma Parcial del Código Penal, publicada en la Gaceta Oficial de la República Bolivariana de Venezuela N° 5.763 Extraordinario, de fecha 16 de marzo de 2005, reimpresa en la Gaceta Oficial de la República Bolivariana de Venezuela N° 5.768 Extraordinario de fecha 13 de abril de 2005. Disponible en: https://pandectasdigital.blogspot.com/2017/02/codigo-penal.html .

4. Asamblea Nacional, Gaceta Oficial # 40.845 de fecha 10 de febrero de 2016, que crea la Compañía Anónima Militar de Industrias Mineras, Petrolíferas y de Gas ("CAMIMPEG"). Disponible en https://pandectasdigital.blogspot.com/2016/02/gaceta-oficial-de-la-republica_11.html .

5. Asamblea Nacional, Ley Aprobatoria de la Convención Internacional sobre la Eliminación de todas las Formas de Discriminación Racial. Disponible en: https://ms-my.facebook.com/GacetaOficial/photos/a.838383539548016/4889475394438790/?type=3

6. Congreso de la República de Venezuela, Ley Aprobatoria del Estatuto de Roma de la Corte Penal Internacional, publicada en la Gaceta Oficial No 5.507 Extraordinario, de fecha s 13 de diciembre de 2000. Disponible en: https://pandectasdigital.blogspot.com/2017/03/estatuto-de-roma-de-la-corte-penal.html .

7. Congreso de la República, Ley Aprobatoria de la Convención Internacional sobre la Eliminación de todas las Formas de Discriminación Racial de 1965. Disponible en: https://ms-my.facebook.com/GacetaOficial/photos/a.838383539548016/4889475394438790/?type=3

8. Instituto Nacional de Estadística, Censo 2011. Resultados de población indígena. Disponible en: http://www.ine.gob.ve/documentos/Demografia/CensodePoblacionyVivienda/pdf/ResultadosBasicos.pdf

9. Ministerio del Poder Popular para la Defensa, RESOLUCIÓN # 014250 de fecha 17 de mayo de 2016, publicada en Gaceta Oficial # 428.181 de fecha 02 de junio de 2016. Disponible en https://www.cpzulia.org/ARCHIVOS/MINDEFENSA_Resoluciones_Acta_Constitutiva_CAMIMPEG_02_06_16.pdf .

10. Ministerio del Poder Popular del Desarrollo Minero Ecológico, Modificación del Acta Constitutiva Estatutaria de la Corporación Venezolana de Minería, S.A. Gaceta Oficial # 41.000 publicada en fecha 30 de septiembre de 2016. Disponible en: https://pandectasdigital.blogspot.com/2016/10/gaceta-oficial-de-la-republica_4.html .

11. Ministerio del Poder Popular del Desarrollo Minero Ecológico, *Arco Minero del Orinoco (AMO): un modelo de minería responsable.* Disponible en: http://www.desarrollominero.gob.ve/zona-de-desarrollo-estrategico-nacional-arco-minero-del-orinoco/.

12. Ministerio del Poder Popular del Desarrollo Minero Ecológico, Inversiones en el Arco Minero del Orinoco. Disponible en: http://www.desarrollominero.gob.ve/inversiones-en-el-amo-2/

13. Ministerio del Poder Popular del Desarrollo Minero Ecológico, TÉRMINOS DE REFERENCIA PARA LA PRESENTACIÓN DE PROYECTOS DE EXPLORACIÓN Y EXPLOTACIÓN EN EL ÁMBITO DE LA PEQUEÑA MINERÍA. Disponible en: http://www.desarrollominero.gob.ve/wp-content/uploads/2018/12/TDR-PARA-PROYECTOS-DE-PEQUE%C3%91A-MINER%C3%8DA.pdf .

14. Ministerio del Poder Popular del Desarrollo Minero Ecológico, Arco Minero del Orinoco (AMO): un modelo de minería responsable. Disponible en: http://www.desarrollominero.gob.ve/zona-de-desarrollo-estrategico-nacional-arco-minero-del-orinoco/ .

15. Ministerio del Poder Popular del Desarrollo Minero Ecológico, Presidente Nicolás Maduro aprobó entrega de una mina de oro "Productiva a cada Gobernación Bolivariana". Disponible en: http://www.desarrollominero.gob.ve/tag/plan-minero-tricolor/ .

16. Ministerio del Poder Popular de Planificación, PLAN SECTO-RIAL DE LOS PUEBLOS INDÍGENAS. AGENDA PROGRA-MÁTICA DE LOS PUEBLOS INDÍGENAS EN LAS 7 LÍNEAS ESTRATÉGICAS DE ACCIÓN DEL PLAN DE LA PATRIA 2025. Disponible en: http://www.mppp.gob.ve/wp-content/uploads/2021/03/PLAN-SECTORIAL-DE-LOS-PUE-BLOS-INDIGENAS.pdf .

17. Motor Minero, Marco jurídico de la actividad minera de Vene-zuela. Disponible en: http://www.desarrollomi-nero.gob.ve/wp-content/uploads/2019/02/marco-legal-base-legal.pdf .

18. Planes de la Patria, PROYECTO NACIONAL SIMÓN BOLÍVAR PRIMER PLAN SOCIALISTA, DESARROLLO ECONOMICO Y SOCIAL DE LA NACIÓN 2007-2013. Disponible en: http://www.mppp.gob.ve/wp-content/uploads/2018/05/Plan-de-la-Naci%C3%B3n-2007-2013.pdf ; 2) PLAN DE LA PATRIA SEGUNDO PLAN SOCIA-LISTA DE DESARROLLO ECONÓMICO Y SOCIAL DE LA NA-CIÓN, 2013-2019. Disponible en: https://observatorioplanifica-cion.cepal.org/es/planes/plan-de-la-patria-2013-2019-de-vene-zuela 3) Plan de la Patria 2019-2025. Disponible en: http://www.mppp.gob.ve/wp-content/uploads/2019/04/Plan-Patria-2019-2025.pdf .

19. Presidencia de la República, Decreto N° 1.424 de fecha 17 de no-viembre de 2014, con Rango, Valor y Fuerza de Ley Orgánica de la Administración Pública, publicado en la Gaceta Oficial de la República Bolivariana de Venezuela N° 6.147 Extraordinario de esa misma fecha. Disponible en: https://pandectasdigi-tal.blogspot.com/2016/05/decreto-con-rango-valor-y-fuerza-de-ley.html

20. Presidencia de la República, Decreto N° 4.393, mediante el cual se autoriza la creación de una Empresa del Estado, bajo la forma de sociedad anónima, la cual se denominará Empresa Militar para el Aprovechamiento Sustentable de Productos Forestales y Recursos Naturales, S.A., (EMASPROFORN), la cual estará ads-crita al Ministerio del Poder Popular para la Defensa. Publicado en Gaceta Oficial # 42.034 del 22 de diciembre de 2020. Disponi-ble en: https://pandectasdigital.blogspot.com/2021/01/gaceta-oficial-de-la-republica_95.html .

21. Presidencia de la República, Decreto N° 4.391, mediante el cual se crea la Zona Económica Especial Militar N° 1 (ZEEM N° 1) del estado Aragua. Publicado en Gaceta Oficial # 42.034 del 22 de diciembre de 2020. Disponible en: https://pandectasdigital.blogspot.com/2021/01/gaceta-oficial-de-la-republica_95.html .

22. Presidencia de la República, Decreto N° 4.392, mediante el cual se crea la Zona Económica Especial Militar de Desarrollo Forestal "ZEEMDEF". Publicado en Gaceta Oficial # 42.034 del 22 de diciembre de 2020. Disponible en: https://pandectasdigital.blogspot.com/2021/01/gaceta-oficial-de-la-republica_95.html .

23. Presidencia de la República, Decreto de Creación de la Zona de Desarrollo Estratégico Nacional "Arco Minero del Orinoco". Publicado el 24 de febrero de 2016 Número 40.855. Disponible en: https://app.box.com/s/tcaibjmytwek61v97c4n51m8kcwtl0pg ; y https://pandectasdigital.blogspot.com/2016/02/gaceta-oficial-de-la-republica_27.html.

24. Presidencia de la República, Decreto N° 2.231 mediante el cual se autoriza la creación de una Empresa del Estado, bajo la forma de Compañía Anónima, que se denominará Compañía Anónima Militar de Industrias Mineras, Petrolíferas y de Gas (CAMIMPEG), la cual estará adscrita al Ministerio del Poder Popular para la Defensa. Disponible en: http://spgoin.imprentanacional.gob.ve/cgi-win/be_alex.cgi?Acceso=T028700000597/0&Nombrebd=spgoin&Sesion=1885900713 .

25. Servicio Autónomo de Propiedad Intelectual, *Venezuela promueve conocimientos tradicionales indígenas y producción de café y cacao en la OMPI*. Disponible en: https://sapi.gob.ve/venezuela-promueve-conocimientos-tradicionales-indigenas-y-produccion-de-cafe-y-cacao-en-la-ompi/ ; y https://sapi.gob.ve/ompi-promueve-estrategias-para-fortalecer-el-derecho-de-autor-en-comunidades-indigenas/ .

26. Universidad de los Andes, La ULA se pronuncia ante el decreto de creación del Arco Minero del Orinoco. Disponible en: http://prensa.ula.ve/2017/10/27/la-ula-se-pronuncia-ante-el-decreto-de-creaci%C3%B3n-del-arco-minero-del-orinoco .

C) Organismos internacionales

1. Oficina del Alto Comisionado de naciones Unidas para los Refugiados, Situación de Venezuela. Disponible en: https://www.acnur.org/situacion-en-venezuela.html .
2. Oficina del Alto Comisionado de Naciones Unidas para los Refugiados, Informe del ACNUR revela que el 65% de los indígenas venezolanos registrados en Brasil son solicitantes de asilo. Disponible en: https://www.acnur.org/noticias/noticia/2020/6/5ed942b78e/informe-del-acnur-revela-que-el-65-de-los-indigenas-venezolanos-registrados.html .
3. Comisión Económica para América Latina, Antecedentes. Disponible en: https://www.cepal.org/es/organos-subsidiarios/acuerdo-regional-acceso-la-informacion-la-participacion-publica-acceso-la/antecedentes-acuerdo-regional
4. Comisión Económica para América Latina, Acuerdo Regional sobre el Acceso a la Información, la Participación Pública y el Acceso a la Justicia en Asuntos Ambientales en América Latina y el Caribe. Disponible en: https://www.cepal.org/es/acuerdodeescazu .
5. Comisión Interamericana de Derechos Humanos, INFORME No. 32/12. PETICIÓN 11.706, SOLUCIÓN AMISTOSA, PUEBLO INDÍGENA YANOMAMI DE HAXIMÚ, VENEZUELA. Disponible en: https://www.oas.org/es/cidh/decisiones/2012/VESA11706ES.doc
6. Comisión Interamericana de Derechos Humanos, SOLUCIÓN AMISTOSA PUEBLO INDÍGENA YANOMAMI DE HAXIMÚ VENEZUELA. Disponible en: http://www.oas.org/es/cidh/decisiones/amistosas.asp?Year=2012 .
7. Misión Internacional Independiente de Determinación de los Hechos, Declaración de Marta Valiñas, Presidenta de la Misión Internacional Independiente de Determinación de los Hechos sobre la República Bolivariana de Venezuela, en la 49ª sesión del Consejo de Derechos Humanos. Disponible en: https://www.ohchr.org/es/statements/2022/03/statement-marta-valinas-chair-independent-international-fact-finding-mission .
8. Oficina de la Fiscalía ante la Corte Penal Internacional, Declaración de la Fiscal de la Corte Penal Internacional, Sra. Fatou

Bensouda, sobre la apertura de exámenes preliminares en Filipinas y Venezuela. Disponible en: https://www.icc-cpi.int/Pages/item.aspx?name=180208-otp-stat&ln=Spanish ; consultado el 03 de marzo de 2022.

9. Oficina de la Fiscalía ante la Corte Penal Internacional, El Fiscal de la CPI, Sr. Karim AA Khan QC, abre una investigación sobre la Situación en Venezuela y concluye un Memorando de Entendimiento con el Gobierno. Disponible en: https://www.icc-cpi.int/Pages/item.aspx?name=pr1625 ; consultado el 03 de marzo de 2022.

10. Organización para la Cooperación y el Desarrollo 2021, Flujos de oro desde Venezuela, Apoyo a la diligencia debida sobre la producción y el comercio de oro en Venezuela. Disponible en: https://www.oecd.org/corporate/mne/flujos-de-oro-desde-Venezuela-apoyo-a-la-diligencia-debida-en-la-produccion-y-comercio-de-oro.pdf

11. Organización Internacional del Trabajo, Convenio 169 de la OIT y la Declaración de las Naciones Unidas sobre los Derechos de los Pueblos Indígenas. Disponible en: https://www.ilo.org/wcmsp5/groups/public/---americas/---ro-lima/documents/publication/wcms_345065.pdf

12. Organización de las Naciones Unidas, Asamblea General de las Naciones Unidas reconoce el derecho humano a un medio ambiente sano en línea con el Acuerdo de Escazú. Disponible en: https://www.cepal.org/es/notas/asamblea-general-naciones-unidas-reconoce-derecho-humano-un-medio-ambiente-sano-linea-acuerdo .

13. Organización de las Naciones Unidas, Documento Final de la Cumbre de 2005. Disponible en: http://www.globalr2p.org/media/files/2005-spanish.pdf .

14. Organización de las Naciones Unidas, Los indígenas venezolanos asentados en Guyana precisan ayuda humanitaria urgente, alerta ACNUR. Disponible en: https://news.un.org/es/story/2021/11/1500532 .

15. Organización de las Naciones Unidas, ONU Treaty Collections, Convention on the Prevention and Punishment of the Crime of Genocide. Disponible en: https://treaties.un.org/pages/ViewDetails.aspx?src=IND&mtdsg_no=IV-1&chapter=4&clang=_en#EndDec

16. Organización de las Naciones Unidas, ONU, Treaty Collections, Estatuto de Roma de la Corte Penal Internacional. Disponible en: https://treaties.un.org/pages/ViewDetails.aspx?src=IND&mtdsg_no=XVIII-10&chapter=18&clang=_en .

17. Organización de las Naciones Unidas, PRINCIPIOS RECTORES SOBRE LAS EMPRESAS Y LOS DERECHOS HUMANOS. Disponible en: https://www.ohchr.org/sites/default/files/documents/publications/guidingprinciplesbusinesshr_sp.pdf .

18. Organización de las Naciones Unidas, La Agenda para el Desarrollo Sostenible. Disponible en: https://www.un.org/sustainabledevelopment/es/development-agenda/ .

19. Plataforma de Coordinación Interagencial para Refugiados y Migrantes de Venezuela (R4V). REFUGIADOS Y MIGRANTES DE VENEZUELA. Disponible en: https://www.r4v.info/es/refugiadosymigrantes .

20. Organización de las Naciones Unidas para la Educación, la Ciencia y la Cultura, Gran Corrupción. Disponible en: https://etico.iiep.unesco.org/es/gran-corrupcion

D) Legislación y organismos extranjeros

1. Estados Unidos de América, Department of Justice, Glencore se declaró culpable de esquemas de manipulación del mercado y soborno en el extranjero. Empresa con sede en Suiza acuerda pagar más de $ 1.1 mil millones. Disponible en: https://www.justice.gov/opa/pr/glencore-entered-guilty-pleas-foreign-bribery-and-market-manipulation-schemes .

2. Presidencia de la República, Código Penal de Brasil. Disponible en: http://www.planalto.gov.br/ccivil_03/Decreto-Lei/Del2848compilado.htm .

3. Ministerio Público Federal de Brasil: Masacre de Hashimu. Disponible en: http://www.mpf.mp.br/rr/memorial/docs/atuacoes_de_destaque/massacre-de-haximu ; http://www.mpf.mp.br/rr/memorial/docs/atuacoes_de_destaque/massacre-de-haximu/93-000501-4-pedro-emiliano-garcia.pdf y http://www.mpf.mp.br/rr/memorial/atuacoes-de-destaque/massacre-de-haximu/view .

E) Informes de ONG

1. Acceso a la Justicia, *La figura del enemigo interno como política de Estado en Venezuela*. Disponible en: https://accesoalajusticia.org/la-figura-del-enemigo-interno-como-politica-de-estado-en-venezuela/ .
2. Acceso a la Justicia, *Pueblos indígenas en Venezuela pierden su derecho al voto secreto y directo*. Disponible en: https://accesoalajusticia.org/pueblos-indigenas-en-venezuela-pierden-su-derecho-al-voto-secreto-y-directo/ .
3. Comisión Internacional de Juristas, Venezuela: *Los pueblos indígenas enfrentan el deterioro de la situación de derechos humanos a causa de la minería, la violencia y la COVID-19*. Disponible en: https://www.icj.org/wp-content/uploads/2020/10/Venezuela-COVID19-indigenous-News-Feature-articles-2020-SPA.pdf .
4. Centro Gumilla, *Desinformación digital en Venezuela: Trolls, Bots y Cyborg*. Disponible en: https://comunicacion.gumilla.org/2022/02/24/desinformacion-digital-en-venezuela-trolls-bots-y-cyborg/ .
5. Comisión para los Derechos Humanos y la Ciudadanía (CODEHCIU), *18 masacres en cuatro años: el saldo verdadero del Arco Minero*. Disponible en: https://codehciu.org/18-masacres-en-cuatro-anos-el-saldo-verdadero-del-arco-minero/
6. Control Ciudadano, *A seis años de la creación de CAMIMPEG, el país sigue sin conocer el manejo y alcance de las operaciones de esta empresa militar*, Feb 14, 2022. Disponible en: https://www.controlciudadano.org/noticias/control-ciudadano-a-seis-anos-de-la-creacion-de-camimpeg-el-pais-sigue-sin-conocer-el-manejo-y-alcance-de-las-operaciones-de-esta-empresa-militar/ .
7. Iniciativa para la Transparencia de las Industrias Extractivas ("EITI", por sus siglas en inglés), *El Estándar global para la buena gobernanza del petróleo, gas y los recursos minerales*. Disponible en: https://eiti.org/es/quienes-somos .
8. ..... : *Declaración de la Presidenta del Consejo EITI sobre el caso de soborno de Glencore. Declaración a cargo de la Muy Honorable Helen Clark*. Disponible en: https://eiti.org/es/news/declaracion-de-la-presidenta-del-consejo-eiti-sobre-el-caso-de-soborno-de-glencore .

9. ..... : *Código de Conducta de la Asociación EITI*. Disponible en; https://eiti.org/documents/eiti-association-code-conduct .

10. ENCOVI, *Encuesta Nacional de Condiciones de Vida*, Disponible en: https://www.proyectoencovi.com/

11. Examen ONU Venezuela, *Fiscal Karim A Khan anuncia establecimiento de una oficina de la CPI en Venezuela*. Disponible en: https://www.examenonuvenezuela.com/democracia-estado-de-derecho/fiscal-karim-a-khan-anuncia-establecimiento-de-una-oficina-de-la-cpi-en-venezuela

12. Foro Penal Venezolano: *Foro Permanente sobre Cuestiones Indígenas de la ONU el 22 de abril de 2021*. Disponible en: https://foropenal.com/foro-permanente-sobre-cuestiones-indigenas-de-la-onu-el-22-de-abril-de-2021/

13. FUNDACIÓN STOP ECOCIDIO, *Panel de Expertos Independientes encargado de la definición de ecocidio COMENTARIO ACERCA DE LA DEFINICIÓN*. Disponible en: https://static1.squarespace.com/static/5dc6872e31b7714fd3f72993/t/60e2c4c688831b70af69dd72/1625474256977/SE+Foundation+Commentary+and+core+text+ES+rev3.pdf .

14. Insight Crime, *La voracidad de la minería ilegal se sigue abriendo paso en Venezuela*. Disponible en: https://es.insightcrime.org/noticias/analisis/hambre-minera-eln-venezuela/ .

15. Instituto Prensa y Sociedad (Ipys- Venezuela): *"Hay una normalización de la censura en el país"*. Disponible en: https://caleidohumano.org/ipys-venezuela-hay-una-normalizacion-de-la-censura-en-el-pais/ '

16. Kapé Kapé, *VIOLENCIA MINERA EN COMUNIDADES INDÍGENAS DEL SUR DE VENEZUELA*. Disponible en: http://fronteraysociedad.org/wp-content/uploads/2021/03/Kape-Kape-Violencia-Minera-en-Comunidades-Indigenas-al-Sur-de-Venezuela.-2021.pdf .

17. Observatorio para la Defensa de la Vida ("ODEVIDA"), *El aire huele a mal: situación de personas defensoras del ambiente y el territorio en Colombia y Venezuela*. Disponible en: https://provea.org/wp-content/uploads/2021/12//odevida-informe-ambiente-colombia-y-venezuela.pdf .

18. Observatorio de Ecología política de Venezuela, *Comunicado: a propósito de la agresión militar al pueblo pemón en Canaima*. 21

diciembre, 2018. Disponible en: https://www.ecopoliticavene-zuela.org/2018/12/21/comunicado-proposito-la-agresion-mi-litar-al-pueblo-pemon-canaima/ .

19. POLITIKS, Tomás Páez de Red Global: "*Hay 7,2 millones de vene-zolanos en la diáspora, distribuidos en 90 países y 400 ciudades*". Dis-ponible en: https://politiks.co/tomas-paez-de-red-global-hay-7-2-millones-de-venezolanos-en-la-diaspora-distribuidos-en-90-paises-y-400-ciudades/#:~:text=Entrevistas-,Tom%C3%A1s%20P%C3%A1ez%20de%20Red%20Glo-bal%3A%20%E2%80%9CHay%207%2C2%20millo-nes,90%20pa%C3%ADses%20y%20400%20ciuda-des%E2%80%9D&text=En%20la%20actualidad%2C%20Vene-zuela%20vive,superada%20por%20la%20crisis%20siria .

20. PROVEA, *Migración y Desplazamiento de Poblaciones Indígenas de la Amazonía venezolana hacia Colombia | Informe GRIAM*. Disponi-ble en: https://provea.org/actualidad/derechos-sociales/pue-blos-indigenas/migracion-y-desplazamiento-de-poblaciones-indigenas-de-la-amazonia-venezolana-hacia-colombia-informe-griam/ .

21. PROVEA: *Decreto del Arco Minero suspende garantías constitucio-nales en 12,2% del territorio venezolano*. Disponible en: https://www.civilisac.org/alertas/provea-decreto-del-arco-minero-suspende-garantias-constitucionales-en-122-del-territo-rio-venezolano.

22. PROVEA, *27 años después de la masacre de Haximú indígenas yano-mami denuncian presencia de mineros y complicidad de autoridades*. Disponible en: https://provea.org/actualidad/27-anos-des-pues-de-la-masacre-de-haximu-indigenas-yanomami-denun-cian-presencia-de-mineros-y-complicidad-autoridades/ .

23. PROVEA, *Indígenas y activistas organizan resistencia al Arco Mi-nero*. Disponible en: https://provea.org/actualidad/indigenas-y-activistas-organizan-resistencia-al-arco-minero/ .

24. PROVEA y otros, *Extractivismo en Venezuela: Las venas siguen abiertas*. Disponible en: https://www.youtube.com/watch?v=qzyNHeTQ_5A .

25. SOS Orinoco, *El mercurio y la minería en la Guayana venezolana: Un daño incompensable*. Disponible en: https://sosori-noco.org/es/informes/el-mercurio-y-la-mineria-en-la-guayana-venezolana-un-dano-incompensable/ .

26. Wataniba, *La Masacre de Haximú: 29 años después*. Disponible en: https://watanibasocioambiental.org/la-masacre-de-haximu-29-anos-despues/

27. Wataniba, *Informe sobre la Situación Actual de los Grupos de Pueblos Indígenas en Aislamiento Relativo y Poco Contacto en Venezuela (Jödi, Uwottüja, y Yanomami)*. Disponible en: INFORME SOBRE LA SITUACIÓN ACTUAL DE LOS GRUPOS DE PUEBLOS INDÍGENAS EN AISLAMIENTO RELATIVO by WATANIBA - Issuu .

28. Yanomami On Line, *Masacre de Haximú*. Disponible en: C C P Y - Comissão Pró-Yanomami (proyanomami.org.br) ;

29. Transparencia Venezuela, *306 bienes vinculados a la corrupción venezolana se decomisaron en EE UU en más de una década*. Disponible en: https://corruptometro.org/2021/12/17/306-bienes-vinculados-a-la-corrupcion-venezolana-se-decomisaron-en-ee-uu-en-mas-de-una-decada/ .

F)   Agencias de noticias y medios de comunicación

1. Agencia EFE, *Disidentes de las FARC asesinan a seis indígenas en Venezuela, denuncia ONG*. Disponible en: https://www.swissinfo.ch/spa/venezuela-ind%C3%ADgenas_disidentes-de-las-farc-asesinan-a-seis-ind%C3%ADgenas-en-venezuela--denuncia-ong/46723942 .

2. El País, *La fiebre del oro arrasa la Amazonia venezolana*. Disponible en: https://elpais.com/internacional/2019/09/01/actualidad/1567289913_017377.html ; consultado el 18 de junio de 2022.

3. Insight Crime, *La voracidad de la minería ilegal se sigue abriendo paso en Venezuela*. Disponible en: https://es.insightcrime.org/noticias/analisis/hambre-minera-eln-venezuela/ .

4. INVERSORO, *Precio internacional del oro en dólares*. Disponible en: https://www.inversoro.es/precio-del-oro/precio-internacional-oro-dolares/ .

5. SEMANA, *Las guerrillas colombianas están participando en un ecocidio en Venezuela: SOS Orinoco*. Disponible en: https://www.semana.com/sostenible/articulo/las-guerrillas-colombianas-estan-participando-en-un-ecocidio-en-venezuela-sos-orinoco/202237/#:~:text=Leer%2013%20respuestas-,Las%20guerrillas%20colombianas%20est%C3%A1n%20participando%20en%20un%20ecocidio%20en%20Venezuela,entre%20los%20venezolanos%2C%20sin%20contar

6. TalCual, Alejandro Álvarez: «*Venezuela no suscribe Escazú porque detrás se esconde la corrupción*». Disponible en: https://talcualdigital.com/podria-ser-por-politica-que-venezuela-nunca-se-ha-pronunciado-sobre-el-acuerdo-de-escazu/

G) Videos

1. Academia de Ciencias Políticas y Sociales, *Minería ilegal en el escudo de la Guayana venezolana*. Disponible en: https://www.youtube.com/watch?v=zEskh2Q7_IU&t=9s .

2. Arco Minero del Orinoco, Estas son las empresas que operarán en el Arco Minero. Disponible en: https://www.youtube.com/watch?v=VLhKw7qjPeg .

3. Monitor de Derechos Humanos, *entrevista con Aimé Tillett*. Miércoles 03/08/2022. Disponible en: https://www.youtube.com/watch?v=x9epIDigS6s .

4. Monitor de Derechos Humanos, entrevista con Olnar Ortiz. Miércoles 27/07/2022. Disponible en: https://youtu.be/Vpw-lM-Hj98 .

X. ANEXOS

- DECLARACIÓN DE LAS NACIONES UNIDAS SOBRE LOS DERECHOS DE LOS PUEBLOS INDÍGENAS

- AG/RES. 2888 (XLVI-O/16)
- DECLARACIÓN AMERICANA SOBRE LOS DERECHOS DE LOS PUEBLOS INDÍGENAS

RESOLUCIÓN APROBADA POR LA ASAMBLEA GENERAL

[sin remisión previa a una Comisión Principal (A/61/L.67 y Add.1)]

61/295. DECLARACIÓN DE LAS NACIONES UNIDAS SOBRE LOS DERECHOS DE LOS PUEBLOS INDÍGENAS HTTPS:// WWW.UN.ORG/ESA/SOCDEV/UNPFII/ DOCUMENTS/DRIPS_ES.PDF

La Asamblea General,

Tomando nota de la recomendación que figura en la resolución 1/2 del Consejo de Derechos Humanos, de 29 de junio de 2006[1], en la que el Consejo aprobó el texto de la Declaración de las Naciones Unidas sobre los derechos de los pueblos indígenas,

Recordando su resolución 61/78, de 20 de diciembre de 2006, en la que decidió aplazar el examen y la adopción de medidas sobre la Declaración a fin de disponer de más tiempo para seguir celebrando consultas al respecto, y decidió también concluir su examen de la Declaración antes de que terminase el sexagésimo primer período de sesiones,

Aprueba la Declaración de las Naciones Unidas sobre los derechos de los pueblos indígenas que figura en el anexo de la presente resolución.

107a. sesión plenaria
13 de septiembre de 2007

---

[1] Véase Documentos Oficiales de la Asamblea General, sexagésimo primer período de sesiones, Suplemento No. 53 (A/61/53), primera parte, cap. II, secc. A.

ANEXO

Declaración de las Naciones Unidas sobre los derechos de los pueblos indígenas

La Asamblea General,

Guiada por los propósitos y principios de la Carta de las Naciones Unidas y la buena fe en el cumplimiento de las obligaciones contraídas por los Estados de conformidad con la Carta,

Afirmando que los pueblos indígenas son iguales a todos los demás pueblos y reconociendo al mismo tiempo el derecho de todos los pueblos a ser diferentes, a considerarse a sí mismos diferentes y a ser respetados como tales,

Afirmando también que todos los pueblos contribuyen a la diversidad y riqueza de las civilizaciones y culturas, que constituyen el patrimonio común de la humanidad,

Afirmando además que todas las doctrinas, políticas y prácticas basadas en la superioridad de determinados pueblos o individuos o que la propugnan aduciendo razones de origen nacional o diferencias raciales, religiosas, étnicas o culturales son racistas, científicamente falsas, jurídicamente inválidas, moralmente condenables y socialmente injustas,

Reafirmando que, en el ejercicio de sus derechos, los pueblos indígenas deben estar libres de toda forma de discriminación,

Preocupada por el hecho de que los pueblos indígenas han sufrido injusticias históricas como resultado, entre otras cosas, de la colonización y de haber sido desposeídos de sus tierras, territorios y recursos, lo que les ha impedido ejercer, en particular, su derecho al desarrollo de conformidad con sus propias necesidades e intereses,

Reconociendo la urgente necesidad de respetar y promover los derechos intrínsecos de los pueblos indígenas, que derivan de sus estructuras políticas, económicas y sociales y de sus culturas, de sus tradiciones espirituales, de su historia y de su filosofía, especialmente los derechos a sus tierras, territorios y recursos,

Reconociendo también la urgente necesidad de respetar y promover los derechos de los pueblos indígenas afirmados en tratados, acuerdos y otros arreglos constructivos con los Estados,

Celebrando que los pueblos indígenas se estén organizando para promover su desarrollo político, económico, social y cultural y para poner fin a todas las formas de discriminación y opresión dondequiera que ocurran,

Convencida de que, si los pueblos indígenas controlan los acontecimientos que los afecten a ellos y a sus tierras, territorios y recursos podrán mantener y reforzar sus instituciones, culturas y tradiciones y promover su desarrollo de acuerdo con sus aspiraciones y necesidades,

Reconociendo que el respeto de los conocimientos, las culturas y las prácticas tradicionales indígenas contribuye al desarrollo sostenible y equitativo y a la ordenación adecuada del medio ambiente,

Destacando la contribución de la desmilitarización de las tierras y territorios de los pueblos indígenas a la paz, el progreso y el desarrollo económicos y sociales, la comprensión y las relaciones de amistad entre las naciones y los pueblos del mundo,

Reconociendo en particular el derecho de las familias y comunidades indígenas a seguir compartiendo la responsabilidad por la crianza, la formación, la educación y el bienestar de sus hijos, en consonancia con los derechos del niño,

Considerando que los derechos afirmados en los tratados, acuerdos y otros arreglos constructivos entre los Estados y los pueblos indígenas son, en algunas situaciones, asuntos de preocupación, interés, responsabilidad y carácter internacional,

Considerando también que los tratados, acuerdos y demás arreglos constructivos, y las relaciones que representan, sirven de base para el fortalecimiento de la asociación entre los pueblos indígenas y los Estados,

Reconociendo que la Carta de las Naciones Unidas, el Pacto Internacional de Derechos Económicos, Sociales y Culturales[2] y el Pacto Internacional de Derechos Civiles y Políticos[2], así como la Declaración y el Programa de Acción de Viena[3] afirman la importancia fundamental del derecho de todos los pueblos a la libre determinación, en virtud del cual éstos determinan libremente su condición política y persiguen libremente su desarrollo económico, social y cultural,

---

2   Véase la resolución 2200 A (XXI), anexo.

3   A/CONF.157/24 (Part I), cap. III.

Teniendo presente que nada de lo contenido en la presente Declaración podrá utilizarse para negar a ningún pueblo su derecho a la libre determinación, ejercido de conformidad con el derecho internacional,

Convencida de que el reconocimiento de los derechos de los pueblos indígenas en la presente Declaración fomentará las relaciones armoniosas y de cooperación entre los Estados y los pueblos indígenas, basadas en los principios de la justicia, la democracia, el respeto de los derechos humanos, la no discriminación y la buena fe,

Alentando a los Estados a que respeten y cumplan eficazmente todas sus obligaciones para con los pueblos indígenas dimanantes de los instrumentos internacionales, en particular las relativas a los derechos humanos, en consulta y cooperación con los pueblos interesados,

Destacando que corresponde a las Naciones Unidas desempeñar un papel importante y continuo de promoción y protección de los derechos de los pueblos indígenas,

Estimando que la presente Declaración constituye un nuevo paso importante hacia el reconocimiento, la promoción y la protección de los derechos y las libertades de los pueblos indígenas y en el desarrollo de actividades pertinentes del sistema de las Naciones Unidas en esta esfera,

Reconociendo y reafirmando que los indígenas tienen sin discriminación todos los derechos humanos reconocidos en el derecho internacional, y que los pueblos indígenas poseen derechos colectivos que son indispensables para su existencia, bienestar y desarrollo integral como pueblos,

Reconociendo que la situación de los pueblos indígenas varía de región en región y de país a país y que se debe tener en cuenta la significación de las particularidades nacionales y regionales y de las diversas tradiciones históricas y culturales,

Proclama solemnemente la Declaración de las Naciones Unidas sobre los derechos de los pueblos indígenas, cuyo texto figura a continuación, como ideal común que debe perseguirse en un espíritu de solidaridad y respeto mutuo:

Artículo 1

Los indígenas tienen derecho, como pueblos o como individuos, al disfrute pleno de todos los derechos humanos y las libertades fundamentales reconocidos en la Carta de las Naciones Unidas, la Declaración Universal de Derechos Humanos[4] y las normas internacionales de derechos humanos.

Artículo 2

Los pueblos y los individuos indígenas son libres e iguales a todos los demás pueblos y personas y tienen derecho a no ser objeto de ningún tipo de discriminación en el ejercicio de sus derechos, en particular la fundada en su origen o identidad indígenas.

Artículo 3

Los pueblos indígenas tienen derecho a la libre determinación. En virtud de ese derecho determinan libremente su condición política y persiguen libremente su desarrollo económico, social y cultural.

Artículo 4

Los pueblos indígenas, en ejercicio de su derecho a la libre determinación, tienen derecho a la autonomía o al autogobierno en las cuestiones relacionadas con sus asuntos internos y locales, así como a disponer de medios para financiar sus funciones autónomas.

Artículo 5

Los pueblos indígenas tienen derecho a conservar y reforzar sus propias instituciones políticas, jurídicas, económicas, sociales y culturales, manteniendo a la vez su derecho a participar plenamente, si lo desean, en la vida política, económica, social y cultural del Estado.

Artículo 6

Toda persona indígena tiene derecho a una nacionalidad.

Artículo 7

Las personas indígenas tienen derecho a la vida, la integridad física y mental, la libertad y la seguridad de la persona.

Los pueblos indígenas tienen el derecho colectivo a vivir en libertad, paz y seguridad como pueblos distintos y no serán sometidos a ningún acto de genocidio ni a ningún otro acto de violencia, incluido el traslado forzado de niños del grupo a otro grupo.

---

[4] Resolución 217 A (III).

Artículo 8

Los pueblos y los individuos indígenas tienen derecho a no ser sometidos a una asimilación forzada ni a la destrucción de su cultura.

Los Estados establecerán mecanismos eficaces para la prevención y el resarcimiento de:

a) Todo acto que tenga por objeto o consecuencia privarlos de su integridad como pueblos distintos o de sus valores culturales o su identidad étnica;

b) Todo acto que tenga por objeto o consecuencia desposeerlos de sus tierras, territorios o recursos;

c) Toda forma de traslado forzado de población que tenga por objeto o consecuencia la violación o el menoscabo de cualquiera de sus derechos;

d) Toda forma de asimilación o integración forzada;

e) Toda forma de propaganda que tenga como fin promover o incitar a la discriminación racial o étnica dirigida contra ellos.

Artículo 9

Los pueblos y los individuos indígenas tienen derecho a pertenecer a una comunidad o nación indígena, de conformidad con las tradiciones y costumbres de la comunidad o nación de que se trate. Del ejercicio de ese derecho no puede resultar discriminación de ningún tipo.

Artículo 10

Los pueblos indígenas no serán desplazados por la fuerza de sus tierras o territorios. No se procederá a ningún traslado sin el consentimiento libre, previo e informado de los pueblos indígenas interesados, ni sin un acuerdo previo sobre una indemnización justa y equitativa y, siempre que sea posible, la opción del regreso.

Artículo 11

Los pueblos indígenas tienen derecho a practicar y revitalizar sus tradiciones y costumbres culturales. Ello incluye el derecho a mantener, proteger y desarrollar las manifestaciones pasadas, presentes y futuras de sus culturas, como lugares arqueológicos e históricos, objetos, diseños, ceremonias, tecnologías, artes visuales e interpretativas y literaturas.

Los Estados proporcionarán reparación por medio de mecanismos eficaces, que podrán incluir la restitución, establecidos conjuntamente con los pueblos indígenas, respecto de los bienes culturales, intelectuales, religiosos y espirituales de que hayan sido privados sin su consentimiento libre, previo e informado o en violación de sus leyes, tradiciones y costumbres.

Artículo 12

Los pueblos indígenas tienen derecho a manifestar, practicar, desarrollar y enseñar sus tradiciones, costumbres y ceremonias espirituales y religiosas; a mantener y proteger sus lugares religiosos y culturales y a acceder a ellos privadamente; a utilizar y controlar sus objetos de culto, y a obtener la repatriación de sus restos humanos.

Los Estados procurarán facilitar el acceso y/o la repatriación de objetos de culto y de restos humanos que posean mediante mecanismos justos, transparentes y eficaces establecidos conjuntamente con los pueblos indígenas interesados.

Artículo 13

Los pueblos indígenas tienen derecho a revitalizar, utilizar, fomentar y transmitir a las generaciones futuras sus historias, idiomas, tradiciones orales, filosofías, sistemas de escritura y literaturas, y a atribuir nombres a sus comunidades, lugares y personas, así como a mantenerlos.

Los Estados adoptarán medidas eficaces para asegurar la protección de ese derecho y también para asegurar que los pueblos indígenas puedan entender y hacerse entender en las actuaciones políticas, jurídicas y administrativas, proporcionando para ello, cuando sea necesario, servicios de interpretación u otros medios adecuados.

Artículo 14

Los pueblos indígenas tienen derecho a establecer y controlar sus sistemas e instituciones docentes que impartan educación en sus propios idiomas, en consonancia con sus métodos culturales de enseñanza y aprendizaje.

Los indígenas, en particular los niños, tienen derecho a todos los niveles y formas de educación del Estado sin discriminación.

Los Estados adoptarán medidas eficaces, conjuntamente con los pueblos indígenas, para que las personas indígenas, en particular los niños, incluidos los que viven fuera de sus comunidades, tengan acceso, cuando sea posible, a la educación en su propia cultura y en su propio idioma.

Artículo 15

Los pueblos indígenas tienen derecho a que la dignidad y diversidad de sus culturas, tradiciones, historias y aspiraciones queden debidamente reflejadas en la educación y la información pública.

Los Estados adoptarán medidas eficaces, en consulta y cooperación con los pueblos indígenas interesados, para combatir los prejuicios y eliminar la discriminación y promover la tolerancia, la comprensión y las buenas relaciones entre los pueblos indígenas y todos los demás sectores de la sociedad.

Artículo 16

Los pueblos indígenas tienen derecho a establecer sus propios medios de información en sus propios idiomas y a acceder a todos los demás medios de información no indígenas sin discriminación.

Los Estados adoptarán medidas eficaces para asegurar que los medios de información públicos reflejen debidamente la diversidad cultural indígena. Los Estados, sin perjuicio de la obligación de asegurar plenamente la libertad de expresión, deberán alentar a los medios de información privados a reflejar debidamente la diversidad cultural indígena.

Artículo 17

Los individuos y los pueblos indígenas tienen derecho a disfrutar plenamente de todos los derechos establecidos en el derecho laboral internacional y nacional aplicable.

Los Estados, en consulta y cooperación con los pueblos indígenas, tomarán medidas específicas para proteger a los niños indígenas contra la explotación económica y contra todo trabajo que pueda resultar peligroso o interferir en la educación de los niños, o que pueda ser perjudicial para la salud o el desarrollo físico, mental, espiritual, moral o social de los niños, teniendo en cuenta su especial vulnerabilidad y la importancia de la educación para empoderarlos.

Las personas indígenas tienen derecho a no ser sometidas a condiciones discriminatorias de trabajo y, entre otras cosas, de empleo o salario.

Artículo 18

Los pueblos indígenas tienen derecho a participar en la adopción de decisiones en las cuestiones que afecten a sus derechos, por conducto de representantes elegidos por ellos de conformidad con sus propios procedimientos, así como a mantener y desarrollar sus propias instituciones de adopción de decisiones.

Artículo 19

Los Estados celebrarán consultas y cooperarán de buena fe con los pueblos indígenas interesados por medio de sus instituciones representativas antes de adoptar y aplicar medidas legislativas o administrativas que los afecten, a fin de obtener su consentimiento libre, previo e informado.

Artículo 20

Los pueblos indígenas tienen derecho a mantener y desarrollar sus sistemas o instituciones políticos, económicos y sociales, a disfrutar de forma segura de sus propios medios de subsistencia y desarrollo, y a dedicarse libremente a todas sus actividades económicas tradicionales y de otro tipo.

Los pueblos indígenas desposeídos de sus medios de subsistencia y desarrollo tienen derecho a una reparación justa y equitativa.

Artículo 21

Los pueblos indígenas tienen derecho, sin discriminación, al mejoramiento de sus condiciones económicas y sociales, entre otras esferas, en la educación, el empleo, la capacitación y el readiestramiento profesionales, la vivienda, el saneamiento, la salud y la seguridad social.

Los Estados adoptarán medidas eficaces y, cuando proceda, medidas especiales para asegurar el mejoramiento continuo de sus condiciones económicas y sociales. Se prestará particular atención a los derechos y necesidades especiales de los ancianos, las mujeres, los jóvenes, los niños y las personas con discapacidad indígenas.

Artículo 22

En la aplicación de la presente Declaración se prestará particular atención a los derechos y necesidades especiales de los ancianos, las mujeres, los jóvenes, los niños y las personas con discapacidad indígenas.

Los Estados adoptarán medidas, conjuntamente con los pueblos indígenas, para asegurar que las mujeres y los niños indígenas gocen de protección y garantías plenas contra todas las formas de violencia y discriminación.

Artículo 23

Los pueblos indígenas tienen derecho a determinar y a elaborar prioridades y estrategias para el ejercicio de su derecho al desarrollo. En particular, los pueblos indígenas tienen derecho a participar activamente en la elaboración y determinación de los programas de salud, vivienda y demás programas económicos y sociales que les conciernan y, en lo posible, a administrar esos programas mediante sus propias instituciones.

Artículo 24

Los pueblos indígenas tienen derecho a sus propias medicinas tradicionales y a mantener sus prácticas de salud, incluida la conservación de sus plantas medicinales, animales y minerales de interés vital. Las personas indígenas también tienen derecho de acceso, sin discriminación alguna, a todos los servicios sociales y de salud.

Las personas indígenas tienen igual derecho a disfrutar del nivel más alto posible de salud física y mental. Los Estados tomarán las medidas que sean necesarias para lograr progresivamente que este derecho se haga plenamente efectivo.

Artículo 25

Los pueblos indígenas tienen derecho a mantener y fortalecer su propia relación espiritual con las tierras, territorios, aguas, mares costeros y otros recursos que tradicionalmente han poseído u ocupado y utilizado y a asumir las responsabilidades que a ese respecto les incumben para con las generaciones venideras.

Artículo 26

Los pueblos indígenas tienen derecho a las tierras, territorios y recursos que tradicionalmente han poseído, ocupado o utilizado o adquirido.

Los pueblos indígenas tienen derecho a poseer, utilizar, desarrollar y controlar las tierras, territorios y recursos que poseen en razón de la propiedad tradicional u otro tipo tradicional de ocupación o utilización, así como aquellos que hayan adquirido de otra forma.

Los Estados asegurarán el reconocimiento y protección jurídicos de esas tierras, territorios y recursos. Dicho reconocimiento respetará debidamente las costumbres, las tradiciones y los sistemas de tenencia de la tierra de los pueblos indígenas de que se trate.

Artículo 27

Los Estados establecerán y aplicarán, conjuntamente con los pueblos indígenas pertinentes, un proceso equitativo, independiente, imparcial, abierto y transparente, en el que se reconozcan debidamente las leyes, tradiciones, costumbres y sistemas de tenencia de la tierra de los pueblos indígenas, para reconocer y adjudicar los derechos de los pueblos indígenas en relación con sus tierras, territorios y recursos, comprendidos aquellos que tradicionalmente han poseído u ocupado o utilizado. Los pueblos indígenas tendrán derecho a participar en este proceso.

Artículo 28

Los pueblos indígenas tienen derecho a la reparación, por medios que pueden incluir la restitución o, cuando ello no sea posible, una indemnización justa y equitativa por las tierras, los territorios y los recursos que tradicionalmente hayan poseído u ocupado o utilizado y que hayan sido confiscados, tomados, ocupados, utilizados o dañados sin su consentimiento libre, previo e informado.

Salvo que los pueblos interesados hayan convenido libremente en otra cosa, la indemnización consistirá en tierras, territorios y recursos de igual calidad, extensión y condición jurídica o en una indemnización monetaria u otra reparación adecuada.

Artículo 29

Los pueblos indígenas tienen derecho a la conservación y protección del medio ambiente y de la capacidad productiva de sus tierras o territorios y recursos. Los Estados deberán establecer y ejecutar programas de asistencia a los pueblos indígenas para asegurar esa conservación y protección, sin discriminación.

Los Estados adoptarán medidas eficaces para asegurar que no se almacenen ni eliminen materiales peligrosos en las tierras o territorios de los pueblos indígenas sin su consentimiento libre, previo e informado.

Los Estados también adoptarán medidas eficaces para asegurar, según sea necesario, que se apliquen debidamente programas de control, mantenimiento y restablecimiento de la salud de los pueblos indígenas afectados por esos materiales, programas que serán elaborados y ejecutados por esos pueblos.

Artículo 30

No se desarrollarán actividades militares en las tierras o territorios de los pueblos indígenas, a menos que lo justifique una razón de interés público pertinente o que se haya acordado libremente con los pueblos indígenas interesados, o que éstos lo hayan solicitado.

Los Estados celebrarán consultas eficaces con los pueblos indígenas interesados, por los procedimientos apropiados y en particular por medio de sus instituciones representativas, antes de utilizar sus tierras o territorios para actividades militares.

Artículo 31

Los pueblos indígenas tienen derecho a mantener, controlar, proteger y desarrollar su patrimonio cultural, sus conocimientos tradicionales, sus expresiones culturales tradicionales y las manifestaciones de sus ciencias, tecnologías y culturas, comprendidos los recursos humanos y genéticos, las semillas, las medicinas, el conocimiento de las propiedades de la fauna y la flora, las tradiciones orales, las literaturas, los diseños, los deportes y juegos tradicionales, y las artes visuales e interpretativas. También tienen derecho a mantener, controlar, proteger y desarrollar su propiedad intelectual de dicho patrimonio cultural, sus conocimientos tradicionales y sus expresiones culturales tradicionales.

Conjuntamente con los pueblos indígenas, los Estados adoptarán medidas eficaces para reconocer y proteger el ejercicio de estos derechos.

Artículo 32

Los pueblos indígenas tienen derecho a determinar y elaborar las prioridades y estrategias para el desarrollo o la utilización de sus tierras o territorios y otros recursos.

Los Estados celebrarán consultas y cooperarán de buena fe con los pueblos indígenas interesados por conducto de sus propias instituciones representativas a fin de obtener su consentimiento libre e informado antes de aprobar cualquier proyecto que afecte a sus tierras o territorios y otros recursos, particularmente en relación con el desarrollo, la utilización o la explotación de recursos minerales, hídricos o de otro tipo.

Los Estados proveerán mecanismos eficaces para la reparación justa y equitativa por cualquiera de esas actividades, y se adoptarán medidas adecuadas para mitigar las consecuencias nocivas de orden ambiental, económico, social, cultural o espiritual.

Artículo 33

Los pueblos indígenas tienen derecho a determinar su propia identidad o pertenencia conforme a sus costumbres y tradiciones. Ello no menoscaba el derecho de las personas indígenas a obtener la ciudadanía de los Estados en que viven.

Los pueblos indígenas tienen derecho a determinar las estructuras y a elegir la composición de sus instituciones de conformidad con sus propios procedimientos.

Artículo 34

Los pueblos indígenas tienen derecho a promover, desarrollar y mantener sus estructuras institucionales y sus propias costumbres, espiritualidad, tradiciones, procedimientos, prácticas y, cuando existan, costumbres o sistemas jurídicos, de conformidad con las normas internacionales de derechos humanos.

Artículo 35

Los pueblos indígenas tienen derecho a determinar las responsabilidades de los individuos para con sus comunidades.

Artículo 36

Los pueblos indígenas, en particular los que están divididos por fronteras internacionales, tienen derecho a mantener y desarrollar los contactos, las relaciones y la cooperación, incluidas las actividades de carácter espiritual, cultural, político, económico y social, con sus propios miembros, así como con otros pueblos, a través de las fronteras.

Los Estados, en consulta y cooperación con los pueblos indígenas, adoptarán medidas eficaces para facilitar el ejercicio y asegurar la aplicación de este derecho.

Artículo 37

Los pueblos indígenas tienen derecho a que los tratados, acuerdos y otros arreglos constructivos concertados con los Estados o sus sucesores sean reconocidos, observados y aplicados y a que los Estados acaten y respeten esos tratados, acuerdos y otros arreglos constructivos.

Nada de lo contenido en la presente Declaración se interpretará en el sentido de que menoscaba o suprime los derechos de los pueblos indígenas que figuren en tratados, acuerdos y otros arreglos constructivos.

Artículo 38

Los Estados, en consulta y cooperación con los pueblos indígenas, adoptarán las medidas apropiadas, incluidas medidas legislativas, para alcanzar los fines de la presente Declaración.

Artículo 39

Los pueblos indígenas tienen derecho a recibir asistencia financiera y técnica de los Estados y por conducto de la cooperación internacional para el disfrute de los derechos enunciados en la presente Declaración.

Artículo 40

Los pueblos indígenas tienen derecho a procedimientos equitativos y justos para el arreglo de conflictos y controversias con los Estados u otras partes, y a una pronta decisión sobre esas controversias, así como a una reparación efectiva de toda lesión de sus derechos individuales y colectivos. En esas decisiones se tendrán debidamente en consideración las costumbres, las tradiciones, las normas y los sistemas jurídicos de los pueblos indígenas interesados y las normas internacionales de derechos humanos.

Artículo 41

Los órganos y organismos especializados del sistema de las Naciones Unidas y otras organizaciones intergubernamentales contribuirán a la plena aplicación de las disposiciones de la presente Declaración mediante la movilización, entre otras cosas, de la cooperación financiera y la asistencia técnica. Se establecerán los medios de asegurar la participación de los pueblos indígenas en relación con los asuntos que les conciernan.

Artículo 42

Las Naciones Unidas, sus órganos, incluido el Foro Permanente para las Cuestiones Indígenas, y los organismos especializados, incluso a nivel local, así como los Estados, promoverán el respeto y la plena aplicación de las disposiciones de la presente Declaración y velarán por su eficacia.

Artículo 43

Los derechos reconocidos en la presente Declaración constituyen las normas mínimas para la supervivencia, la dignidad y el bienestar de los pueblos indígenas del mundo.

Artículo 44

Todos los derechos y las libertades reconocidos en la presente Declaración se garantizan por igual al hombre y a la mujer indígenas.

Artículo 45

Nada de lo contenido en la presente Declaración se interpretará en el sentido de que menoscaba o suprime los derechos que los pueblos indígenas tienen en la actualidad o puedan adquirir en el futuro.

Artículo 46

Nada de lo contenido en la presente Declaración se interpretará en el sentido de que confiere a un Estado, pueblo, grupo o persona derecho alguno a participar en una actividad o realizar unos actos contrarios a la Carta de las Naciones Unidas, ni se entenderá en el sentido de que autoriza o alienta acción alguna encaminada a quebrantar o menoscabar, total o parcialmente, la integridad territorial o la unidad política de Estados soberanos e independientes.

En el ejercicio de los derechos enunciados en la presente Declaración, se respetarán los derechos humanos y las libertades fundamentales de todos. El ejercicio de los derechos establecidos en la presente Declaración estará sujeto exclusivamente a las limitaciones determinadas por la ley y con arreglo a las obligaciones internacionales en materia de derechos humanos. Esas limitaciones no serán discriminatorias y serán sólo las estrictamente necesarias para garantizar el reconocimiento y respeto debidos a los derechos y las libertades de los demás y para satisfacer las justas y más apremiantes necesidades de una sociedad democrática.

Las disposiciones enunciadas en la presente Declaración se interpretarán con arreglo a los principios de la justicia, la democracia, el respeto de los derechos humanos, la igualdad, la no discriminación, la buena gobernanza y la buena fe.

AG/RES. 2888 (XLVI-O/16)

DECLARACIÓN AMERICANA SOBRE LOS DERECHOS DE LOS PUEBLOS INDÍGENAS

(Aprobada en la segunda sesión plenaria,
celebrada el 14 de junio de 2016)

LA ASAMBLEA GENERAL,

RECORDANDO el contenido de la resolución AG/RES. 2867 (XLIV-O/14), "Proyecto de Declaración Americana sobre los derechos de los pueblos indígenas", así como todas las resoluciones anteriores relativas a este tema;

RECORDANDO igualmente la "Declaración sobre los derechos de los pueblos indígenas en las Américas", documento AG/DEC. 79 (XLIV-O/14), que reafirma como una prioridad de la Organización de los Estados Americanos avanzar en la promoción y protección efectiva de los derechos de los pueblos indígenas de las Américas;

RECONOCIENDO el valioso apoyo al proceso en el seno del "Grupo de Trabajo Encargado de Elaborar un Proyecto de Declaración Americana sobre los Derechos de los Pueblos Indígenas" por parte de los Estados Miembros, los Estados Observadores, los órganos, organismos y entidades de la Organización de los Estados Americanos;

RECONOCIENDO también la importante participación de los pueblos indígenas de las Américas en el proceso de elaboración de esta Declaración

TENIENDO EN CUENTA el significativo aporte de los pueblos indígenas de las Américas para la humanidad,

RESUELVE:

Aprobar la siguiente Declaración Americana sobre los derechos de los pueblos indígenas:[1-2]

---

[1] Estados Unidos desea reiterar su compromiso para atender los apremiantes problemas que atañen a los pueblos indígenas en el continente, incluido el combate a la discriminación social de que son objeto,...

[2] Canadá reitera su compromiso con una renovada relación con sus pueblos indígenas fundamentada en el reconocimiento de derechos, el respeto, la cooperación y la colaboración. Canadá está ahora

142

DECLARACIÓN AMERICANA
SOBRE LOS DERECHOS DE LOS PUEBLOS INDÍGENAS

https://www.oas.org/es/sadye/documentos/res-2888-16-es.pdf

PREÁMBULO

Los Estados Miembros de la Organización de los Estados Americanos (en adelante los Estados)

RECONOCIENDO:

Que los derechos de los pueblos indígenas constituyen un aspecto fundamental y de trascendencia histórica para el presente y el futuro de las Américas;

La importante presencia de pueblos indígenas en las Américas, y su inmensa contribución al desarrollo, pluralidad y diversidad cultural de nuestras sociedades y reiterando nuestro compromiso con su bienestar económico y social, así como la obligación a respetar sus derechos y su identidad cultural; y

La importancia que tiene para la humanidad la existencia de los pueblos y las culturas indígenas de las Américas;

REAFIRMANDO que los pueblos indígenas son sociedades originarias, diversas y con identidad propia que forman parte integral de las Américas;

PREOCUPADOS por el hecho de que los pueblos indígenas han sufrido injusticias históricas como resultado, entre otras cosas, de la colonización y de haber sido desposeídos de sus tierras, territorios y recursos, lo que les ha impedido ejercer, en particular, su derecho al desarrollo de conformidad con sus propias necesidades e intereses;

RECONOCIENDO la urgente necesidad de respetar y promover los derechos intrínsecos de los pueblos indígenas, que derivan de sus estructuras políticas, económicas y sociales y de sus culturas, de sus tradiciones espirituales, de su historia y de su filosofía, especialmente los derechos a sus tierras, territorios y recursos;

RECONOCIENDO ASIMISMO que el respeto de los conocimientos, las culturas y las prácticas tradicionales indígenas contribuye al desarrollo sostenible y equitativo y a la ordenación adecuada del medio ambiente;

TENIENDO PRESENTE los avances logrados en el ámbito internacional en el reconocimiento de los derechos de los pueblos indígenas, y en particular, el Convenio 169 de la OIT y la Declaración de la Naciones Unidas sobre los Derechos de los Pueblos Indígenas;

TENIENDO PRESENTE TAMBIÉN los progresos nacionales constitucionales, legislativos y jurisprudenciales alcanzados en las Américas para garantizar, promover y proteger los derechos de los pueblos indígenas, así como la voluntad política de los Estados de seguir avanzando en el reconocimiento de los derechos de los pueblos indígenas de las Américas;

RECORDANDO los compromisos asumidos por los Estados miembros para garantizar, promover y proteger los derechos e instituciones de los pueblos indígenas, incluyendo aquellos asumidos en la Tercera y Cuarta Cumbre de las Américas;

RECORDANDO ADEMÁS la universalidad, indivisibilidad e interdependencia de los derechos humanos reconocidos por el derecho internacional.

CONVENCIDO que el reconocimiento de los derechos de los pueblos indígenas en la presente Declaración fomentar las relaciones armoniosas y de cooperación entre los Estados y los pueblos indígenas, basadas en los principios de la justicia, la democracia, el respeto de los derechos humanos, la no discriminación y la buena fe;

CONSIDERANDO la importancia de eliminar todas las formas de discriminación que puedan afectar a los pueblos indígenas y teniendo en cuenta la responsabilidad de los Estados para combatirlas;

ALENTANDO a los Estados a que respeten y cumplan eficazmente todas sus obligaciones para con los pueblos indígenas dimanantes de los instrumentos internacionales, en particular las relativas a los derechos humanos, en consulta y cooperación con los pueblos interesados;

DECLARAN:

SECCIÓN PRIMERA:
Pueblos Indígenas. Ámbito de aplicación y alcances

Artículo I.

1. La Declaración Americana sobre los Derechos de los Pueblos Indígenas se aplica a los pueblos indígenas de las Américas.

2. La autoidentificación como pueblos indígenas será un criterio fundamental para determinar a quienes se aplica la presente Declaración. Los Estados respetarán el derecho a dicha autoidentificación como indígena en forma individual o colectiva, conforme a las prácticas e instituciones propias de cada pueblo indígena.

Artículo II.

Los Estados reconocen y respetan el carácter pluricultural y multilingüe de los pueblos indígenas, quienes forman parte integral de sus sociedades.

Artículo III.

Los pueblos indígenas tienen derecho a la libre determinación. En virtud de ese derecho determinan libremente su condición política y persiguen libremente su desarrollo económico, social y cultural.

Artículo IV.

Nada de lo contenido en la presente Declaración se interpretará en el sentido de que confiere a un Estado, pueblo, grupo o persona derecho alguno a participar en una actividad o realizar un acto contrarios a la Carta de la Organización de los Estados Americanos y a la Carta de las Naciones Unidas, ni se entenderá en el sentido de que autoriza o alienta acción alguna encaminada a quebrantar o menoscabar, total o parcialmente, la integridad territorial o la unidad política de Estados soberanos e independientes.

SECCIÓN SEGUNDA:
Derechos Humanos y Derechos Colectivos

Artículo V.   Plena vigencia de los derechos humanos

Los pueblos y las personas indígenas tienen derecho al goce pleno de todos los derechos humanos y libertades fundamentales, reconocidos en la Carta de las Naciones Unidas, la Carta de la Organización de los Estados Americanos y en el derecho internacional de los derechos humanos.

Artículo VI.   Derechos colectivos

Los pueblos indígenas tienen derechos colectivos indispensables para su existencia, bienestar y desarrollo integral como pueblos. En este sentido, los Estados reconocen y respetan, el derecho de los pueblos indígenas a su actuar colectivo; a sus sistemas o instituciones jurídicos, sociales, políticos y económicos; a sus propias culturas; a profesar y practicar sus creencias espirituales; a usar sus propias lenguas e idiomas; y a sus tierras, territorios y recursos. Los Estados promoverán con la participación plena y efectiva de los pueblos indígenas la coexistencia armónica de los derechos y sistemas de los grupos poblacionales y culturas.

Artículo VII.   Igualdad de género

1. Las mujeres indígenas tienen el derecho al reconocimiento, protección y goce de todos los derechos humanos y libertades fundamentales contenidos en el derecho internacional, libres de todas las formas de discriminación.

2. Los Estados reconocen que la violencia contra las personas y los pueblos indígenas, particularmente las mujeres, impide o anula el goce de todos los derechos humanos y libertades fundamentales.

3. Los Estados adoptarán las medidas necesarias, en conjunto con los pueblos indígenas, para prevenir y erradicar todas las formas de violencia y discriminación, en particular contra las mujeres, las niñas y los niños indígenas.

Artículo VIII. Derecho a pertenecer a pueblos indígenas

Las personas y comunidades indígenas tienen el derecho de pertenecer a uno o varios pueblos indígenas, de acuerdo con la identidad, tradiciones, costumbres y sistemas de pertenencia de cada pueblo. Del ejercicio de ese derecho no puede resultar discriminación de ningún tipo.

Artículo IX.   Personalidad jurídica

Los Estados reconocerán plenamente la personalidad jurídica de los pueblos indígenas, respetando las formas de organización indígenas y promoviendo el ejercicio pleno de los derechos reconocidos en esta Declaración.

Artículo X.   Rechazo a la asimilación

1. Los pueblos indígenas tienen derecho a mantener, expresar y desarrollar libremente su identidad cultural en todos sus aspectos, libre de todo intento externo de asimilación.

2. Los Estados no deberán desarrollar, adoptar, apoyar o favorecer política alguna de asimilación de los pueblos indígenas ni de destrucción de sus culturas.

Artículo XI.   Protección contra el genocidio

Los pueblos indígenas tienen derecho a no ser objeto de forma alguna de genocidio o intento de exterminio.

Artículo XII.   Garantías contra el racismo, la discriminación racial, la xenofobia y otras formas conexas de intolerancia

Los pueblos indígenas tienen derecho a no ser objeto de racismo, discriminación racial, xenofobia ni otras formas conexas de intolerancia. Los Estados adoptarán las medidas preventivas y correctivas necesarias para la plena y efectiva protección de este derecho.

SECCIÓN TERCERA: Identidad cultural

Artículo XIII. Derecho a la identidad e integridad cultural

1. Los pueblos indígenas tienen derecho a su propia identidad e integridad cultural y a su patrimonio cultural, tangible e intangible, incluyendo el histórico y ancestral, así como a la protección, preservación, mantenimiento y desarrollo de dicho patrimonio cultural para su continuidad colectiva y la de sus miembros, y para transmitirlo a las generaciones futuras.

2. Los Estados proporcionarán reparación por medio de mecanismos eficaces, que podrán incluir la restitución, establecidos conjuntamente con los pueblos indígenas, respecto de los bienes

culturales, intelectuales, religiosos y espirituales de que hayan sido privados sin su consentimiento libre, previo e informado o en violación de sus leyes, tradiciones y costumbres.

3. Los Pueblos Indígenas tienen derecho a que se reconozcan y respeten todas sus formas de vida, cosmovisiones, espiritualidad, usos y costumbres, normas y tradiciones, formas de organización social, económica y política, formas de transmisión del conocimiento, instituciones, prácticas, creencias, valores, indumentaria y lenguas, reconociendo su interrelación, tal como se establece en esta Declaración.

Artículo XIV. Sistemas de conocimientos, lenguaje y comunicación

1. Los pueblos indígenas tienen el derecho a preservar, usar, desarrollar, revitalizar y transmitir a generaciones futuras sus propias historias, lenguas, tradiciones orales, filosofías, sistemas de conocimientos, escritura y literatura; y a designar y mantener sus propios nombres para sus comunidades, individuos y lugares.

2. Los Estados deberán adoptar medidas adecuadas y eficaces para proteger el ejercicio de este derecho con la participación plena y efectiva de los pueblos indígenas.

3. Los pueblos indígenas, tienen derecho a promover y desarrollar todos sus sistemas y medios de comunicación, incluidos sus propios programas de radio y televisión, y acceder en pie de igualdad a todos los demás medios de comunicación e información. Los Estados tomarán medidas para promover la transmisión de programas de radio y televisión en lengua indígena, particularmente en regiones de presencia indígena. Los Estados apoyarán y facilitarán la creación de radioemisoras y televisoras indígenas, así como otros medios de información y comunicación.

4. Los Estados, en conjunto con los pueblos indígenas, realizarán esfuerzos para que dichos pueblos puedan comprender y hacerse comprender en sus propias lenguas en procesos administrativos, políticos y judiciales, facilitándoles, si fuere necesario, intérpretes u otros medios eficaces.

Artículo XV. Educación

1. Los pueblos y personas indígenas, en particular los niños y niñas indígenas, tienen derecho a todos los niveles y formas de educación, sin discriminación.

148

2. Los Estados y los pueblos indígenas, en concordancia con el principio de igualdad de oportunidades, promoverán la reducción de las disparidades en la educación entre los pueblos indígenas y los no indígenas.

3. Los pueblos indígenas tienen derecho a establecer y controlar sus sistemas e instituciones docentes que impartan educación en sus propios idiomas, en consonancia con sus métodos culturales de enseñanza y aprendizaje

4. Los Estados, en conjunto con los pueblos indígenas, adoptarán medidas eficaces para que las personas indígenas, en particular los niños y niñas, que viven fuera de sus comunidades puedan tener acceso a la educación en sus propias lenguas y culturas.

5. Los Estados promoverán relaciones interculturales armónicas, asegurando en los sistemas educativos estatales currícula con contenidos que reflejen la naturaleza pluricultural y multilingüe de sus sociedades y que impulsen el respeto y el conocimiento de las diversas culturas indígenas. Los Estados, en conjunto con los pueblos indígenas, impulsarán la educación intercultural que refleje las cosmovisiones, historias, lenguas, conocimientos, valores, culturas, prácticas y formas de vida de dichos pueblos.

6. Los Estados, conjuntamente con los pueblos indígenas, deberán tomar medidas necesarias y eficaces para el ejercicio y cumplimiento de estos derechos.

Artículo XVI. Espiritualidad indígena

1. Los pueblos indígenas tienen derecho a ejercer libremente su propia espiritualidad y creencias y, en virtud de ello, a practicar, desarrollar, transmitir y enseñar sus tradiciones, costumbres y ceremonias, y a realizarlas tanto en público como en privado, individual y colectivamente.

2. Ningún pueblo o persona indígena deberá ser sujeto a presiones o imposiciones, o a cualquier otro tipo de medidas coercitivas que afecten o limiten su derecho a ejercer libremente su espiritualidad y creencias indígenas.

3. Los pueblos indígenas tienen derecho a preservar, proteger y acceder a sus sitios sagrados, incluidos sus lugares de sepultura, a usar y controlar sus reliquias y objetos sagrados y a recuperar sus restos humanos.

4. Los Estados, en conjunto con los pueblos indígenas, adoptarán medidas eficaces para promover el respeto a la espiritualidad y creencias indígenas y, proteger la integridad de los símbolos, prácticas, ceremonias, expresiones y formas espirituales de los pueblos indígenas, de conformidad con el derecho internacional.

Artículo XVII. Familia indígena

1. La familia es el elemento natural y fundamental de la sociedad. Los pueblos indígenas tienen derecho a preservar, mantener y promover sus propios sistemas de familia. Los Estados reconocerán, respetarán y protegerán las distintas formas indígenas de familia, en particular la familia extensa, así como sus formas de unión matrimonial, de filiación, descendencia y de nombre familiar. En todos los casos, se reconocerá y respetará la equidad de género y generacional.

2. En asuntos relativos a la custodia, adopción, ruptura del vínculo familia, y en asuntos similares, el interés superior del niño deberá ser de consideración primaria. En la determinación del interés superior del niño, las cortes y otras instituciones relevantes deberán tener presente el derecho de todo niño indígena, en común con miembros de su pueblo, a disfrutar de su propia cultura, a profesar y a practicar su propia religión o a hablar su propia lengua, y en ese sentido, deberá considerarse el derecho indígena del pueblo correspondiente, y su punto de vista, derechos e intereses, incluyendo las posiciones de los individuos, la familia, y la comunidad.

Artículo XVIII. Salud

1. Los pueblos indígenas tienen derecho en forma colectiva e individual al disfrute del más alto nivel posible de salud física, mental y espiritual.

2. Los pueblos indígenas tienen derecho a sus propios sistemas y prácticas de salud, así como al uso y la protección de las plantas, animales, minerales de interés vital, y otros recursos naturales de uso medicinal en sus tierras y territorios ancestrales.

3. Los Estados tomarán medidas para prevenir y prohibir que los pueblos y las personas indígenas sean objeto de programas de investigación, experimentación biológica o médica, así como la esterilización sin su consentimiento previo libre e informado. Asimismo, los pueblos y las personas indígenas tienen derecho, según sea el caso, al acceso a sus propios datos, expedientes médicos y documentos de investigación conducidos por personas e instituciones públicas o privadas.

4. Los pueblos indígenas tienen derecho a utilizar, sin discriminación alguna, todas las instituciones y servicios de salud y atención médica accesibles a la población en general. Los Estados en consulta y coordinación con los pueblos indígenas promoverán sistemas o prácticas interculturales en los servicios médicos y sanitarios que se provean en las comunidades indígenas, incluyendo la formación de técnicos y profesionales indígenas de salud.

5. Los Estados garantizarán el ejercicio efectivo de los derechos contenidos en este artículo.

Artículo XIX.   Derecho a la protección del medio ambiente sano

1. Los pueblos indígenas tienen derecho a vivir en armonía con la naturaleza y a un ambiente sano, seguro y sustentable, condiciones esenciales para el pleno goce del derecho a la vida, a su espiritualidad, cosmovisión y al bienestar colectivo.

2. Los pueblos indígenas tienen derecho a conservar, restaurar y proteger el medio ambiente y al manejo sustentable de sus tierras, territorios y recursos.

3. Los pueblos indígenas tienen el derecho de ser protegidos contra la introducción, abandono, dispersión, tránsito, uso indiscriminado o depósito de cualquier material peligroso que pueda afectar negativamente a las comunidades, tierras, territorios y recursos indígenas

4. Los pueblos indígenas tienen derecho a la conservación y protección del medio ambiente y de la capacidad productiva de sus tierras o territorios y recursos. Los Estados deberán establecer y ejecutar programas de asistencia a los pueblos indígenas para asegurar esa conservación y protección, sin discriminación.

SECCIÓN CUARTA: **Derechos Organizativos y Políticos**

Artículo XX.   Derechos de asociación, reunión, libertad de expresión y pensamiento

1. Los pueblos indígenas tienen los derechos de asociación, reunión, organización y expresión, y a ejercerlos sin interferencias y de acuerdo a su cosmovisión, *inter alia*, sus valores, sus usos, sus costumbres, sus tradiciones ancestrales, sus creencias, su espiritualidad y otras prácticas culturales.

2. Los pueblos indígenas tienen el derecho a reunirse en sus sitios y espacios sagrados y ceremoniales. Para tal fin, tendrán libre acceso, y uso de los mismos.

3. Los pueblos indígenas, en particular aquellos que están divididos por fronteras internacionales, tienen derecho a transitar, mantener, desarrollar contactos, relaciones y cooperación directa, incluidas las actividades de carácter espiritual, cultural, político, económico y social, con sus miembros y con otros pueblos.

4. Los Estados adoptarán, en consulta y cooperación con los pueblos indígenas, medidas efectivas para facilitar el ejercicio y asegurar la aplicación de estos derechos.

Artículo XXI. Derecho a la autonomía o al autogobierno

1. Los pueblos indígenas, en ejercicio de su derecho a la libre determinación, tienen derecho a la autonomía o al autogobierno en las cuestiones relacionadas con sus asuntos internos y locales, así como a disponer de medios para financiar sus funciones autónomas.

2. Los pueblos indígenas tienen derecho a mantener y desarrollar sus propias instituciones indígenas de decisión. También tienen el derecho de participar en la adopción de decisiones en las cuestiones que afecten sus derechos. Pueden hacerlo directamente o a través de sus representantes, de acuerdo a sus propias normas, procedimientos y tradiciones. Asimismo, tienen el derecho a la igualdad de oportunidades para acceder y participar plena y efectivamente como pueblos en todas las instituciones y foros nacionales, incluyendo los cuerpos deliberantes.

Artículo XXII. Derecho y jurisdicción indígena

1. Los pueblos indígenas tienen derecho a promover, desarrollar y mantener sus estructuras institucionales y sus propias costumbres, espiritualidad, tradiciones, procedimientos, prácticas y, cuando existan, costumbres o sistemas jurídicos, de conformidad con las normas internacionales de derechos humanos.

2. El derecho y los sistemas jurídicos indígenas deben ser reconocidos y respetados por el orden jurídico nacional, regional e internacional.

3. Los asuntos referidos a personas indígenas o a sus derechos o intereses en la jurisdicción de cada Estado, serán conducidos de manera tal de proveer el derecho a los indígenas de plena represen-

tación con dignidad e igualdad ante la ley. En consecuencia, tienen derecho sin discriminación, a igual protección y beneficio de la ley, incluso, al uso de intérpretes lingüísticos y culturales.

4. Los Estados tomarán medidas eficaces, en conjunto con los pueblos indígenas, para asegurar la implementación de este artículo.

Artículo XXIII. Participación de los pueblos indígenas y aportes de los sistemas legales y organizativos indígenas

1. Los pueblos indígenas tienen derecho a la participación plena y efectiva, por conducto de representantes elegidos por ellos de conformidad con sus propias instituciones, en la adopción de decisiones en las cuestionen que afecten sus derechos y que tengan relación con la elaboración y ejecución de leyes, políticas públicas, programas, planes y acciones relacionadas con los asuntos indígenas.

2. Los Estados celebrarán consultas y cooperarán de buena fe con los pueblos indígenas interesados por medio de sus instituciones representativas antes de adoptar y aplicar medidas legislativas o administrativas que los afecten, a fin de obtener su consentimiento libre, previo e informado.[3]

Artículo XXIV. Tratados, acuerdos y otros arreglos constructivos

1. Los pueblos indígenas tienen derecho al reconocimiento, observancia y aplicación de los tratados, acuerdos y otros arreglos constructivos concertados con los Estados, y sus sucesores, de conformidad con su verdadero espíritu e intención, de buena fe y hacer que los mismos sean respetados y acatados por los Estados. Los Estados darán debida consideración al entendimiento que los pueblos indígenas han otorgado a los tratados, acuerdos y otros arreglos constructivos.

2. Cuando las controversias no puedan ser resueltas entre las partes en relación a dichos tratados, acuerdos y otros arreglos constructivos, estas serán sometidas a los órganos competentes, incluidos los órganos regionales e internacionales, por los Estados o Pueblos Indígenas interesados.

---

[3] El Estado de Colombia se aparta del consenso respecto del artículo XXIII, numeral 2, de la Declaración de los Pueblos indígenas de la OEA, que se refiere a las consultas ....

3. Nada de lo contenido en la presente Declaración se interpretará en el sentido que menoscaba o suprime los derechos de los pueblos indígenas que figuren en tratados, acuerdos y otros arreglos constructivos.

SECCIÓN QUINTA: Derechos Sociales, Económicos y de Propiedad

Artículo XXV.   Formas tradicionales de propiedad y supervivencia cultural. Derecho a tierras, territorios y recursos

1. Los pueblos indígenas tienen derecho a mantener y fortalecer su propia relación espiritual, cultural y material con sus tierras, territorios y recursos, y a asumir sus responsabilidades para conservarlos para ellos mismos y para las generaciones venideras.

2. Los pueblos indígenas tienen derecho a las tierras, territorios y recursos que tradicionalmente han poseído, ocupado o utilizado o adquirido.

3. Los pueblos indígenas tienen derecho a poseer, utilizar, desarrollar y controlar las tierras, territorios y recursos que poseen en razón de la propiedad tradicional u otro tipo tradicional de ocupación o utilización, así como aquellos que hayan adquirido de otra forma.

4. Los Estados asegurarán el reconocimiento y protección jurídicos de esas tierras, territorios y recursos. Dicho reconocimiento respetará debidamente las costumbres, las tradiciones y los sistemas de tenencia de la tierra de los pueblos indígenas de que se trate.

5. Los pueblos indígenas tienen el derecho al reconocimiento legal de las modalidades y formas diversas y particulares de propiedad, posesión o dominio de sus tierras, territorios y recursos de acuerdo con el ordenamiento jurídico de cada Estado y los instrumentos internacionales pertinentes. Los Estados establecerán los regímenes especiales apropiados para este reconocimiento y su efectiva demarcación o titulación.

Artículo XXVI. Pueblos indígenas en aislamiento voluntario o en contacto inicial

1. Los pueblos indígenas en aislamiento voluntario o en contacto inicial, tienen derecho a permanecer en dicha condición y de vivir libremente y de acuerdo a sus culturas.

2. Los Estados adoptarán políticas y medidas adecuadas, con conocimiento y participación de los pueblos y las organizaciones indígenas, para reconocer, respetar y proteger las tierras, territorios, medio ambiente y culturas de estos pueblos, así como su vida e integridad individual y colectiva.

Artículo XXVII. Derechos laborales

1. Los pueblos y las personas indígenas tienen los derechos y las garantías reconocidas por la ley laboral nacional y la ley laboral internacional. Los Estados adoptarán todas las medidas especiales para prevenir, sancionar y reparar la discriminación de que sean objeto los pueblos y las personas indígenas.

2. Los Estados, en conjunto con los pueblos indígenas, deberán adoptar medidas inmediatas y eficaces para eliminar prácticas laborales de explotación con respecto a los pueblos indígenas, en particular, las niñas, los niños, las mujeres y los ancianos indígenas.

3. En caso que los pueblos indígenas no estén protegidos eficazmente por las leyes aplicables a los trabajadores en general, los Estados, en conjunto con los pueblos indígenas, tomarán todas las medidas que puedan ser necesarias a fin de:

a. proteger a trabajadores y empleados indígenas en materia de contratación bajo condiciones de empleo justas e igualitarias, tanto en los sistemas de trabajo formales como informales;

b. establecer, aplicar o mejorar la inspección del trabajo y la aplicación de normas con particular atención, *inter alia*, a regiones, empresas o actividades laborales en las que tomen parte trabajadores o empleados indígenas;

c. establecer, aplicar, o hacer cumplir las leyes de manera que tanto trabajadoras y trabajadores indígenas:

    i. gocen de igualdad de oportunidades y de trato en todos los términos, condiciones y beneficios de empleo, incluyendo formación y capacitación, bajo la legislación nacional y el derecho internacional;

ii. gocen del derecho de asociación, del derecho a establecer organizaciones sindicales y a participar en actividades sindicales y el derecho a negociar en forma colectiva con empleadores a través de representantes de su elección u organizaciones de trabajadores, incluidas sus autoridades tradicionales;

iii. a que no estén sujetos a discriminación o acoso por razones de, *inter alia*, raza, sexo, origen o identidad indígena;

iv. a que no estén sujetos a sistemas de contratación coercitivos, incluidas la servidumbre por deudas o toda otra forma de trabajo forzado u obligatorio, así tenga este arreglo laboral su origen en la ley, en la costumbre o en un arreglo individual o colectivo, en cuyo caso el arreglo laboral será absolutamente nulo y sin valor;

v.   a que no estén forzados a condiciones de trabajo peligrosas para su salud y seguridad personal; y que estén protegidos de trabajos que no cumplen con las normas de salud ocupacional y de seguridad; y

vi. a que reciban protección legal plena y efectiva, sin discriminación, cuando presten sus servicios como trabajadores estacionales, eventuales o migrantes, así como cuando estén contratados por empleadores de manera que reciban los beneficios de la legislación y la práctica nacionales, los que deben ser acordes con el derecho y las normas internacionales de derechos humanos para esta categoría de trabajadores;

d. asegurar que los trabajadores indígenas y sus empleadores estén informados acerca de los derechos de los trabajadores indígenas según las normas nacionales y el derecho internacional y normas indígenas, y de los recursos y acciones de que dispongan para proteger esos derechos.

4. Los Estados adoptarán medidas para promover el empleo de las personas indígenas.

Artículo XXVIII. <u>Protección del Patrimonio Cultural y de la Propiedad Intelectual</u>

1. Los pueblos indígenas tienen derecho al pleno reconocimiento y respeto a la propiedad, dominio, posesión, control, desarrollo y protección de su patrimonio cultural material e inmaterial, y propiedad intelectual, incluyendo la naturaleza colectiva de los mismos, transmitido a través de los milenios, de generación en generación.

2. La propiedad intelectual colectiva de los pueblos indígenas comprende, *inter alia,* los conocimientos y expresiones culturales tradicionales entre los cuales se encuentran los conocimientos tradicionales asociados a los recursos genéticos, los diseños y procedimientos ancestrales, las manifestaciones culturales, artísticas, espirituales, tecnológicas y científicas, el patrimonio cultural material e inmaterial, así como los conocimientos y desarrollos propios relacionados con la biodiversidad y la utilidad y cualidades de semillas, las plantas medicinales, la flora y la fauna.

3. Los Estados, con la participación plena y efectiva de los pueblos indígenas, adoptarán las medidas necesarias para que los acuerdos y regímenes nacionales o internacionales provean el reconocimiento y la protección adecuada del patrimonio cultural y la propiedad intelectual asociada a dicho patrimonio de los pueblos indígenas. En la adopción de estas medidas, se realizarán consultas encaminadas a obtener el consentimiento libre, previo, e informado de los pueblos indígenas.

Artículo XXIX.   <u>Derecho al desarrollo</u>

1. Los pueblos indígenas tienen derecho a mantener y determinar sus propias prioridades en lo relacionado con su desarrollo político, económico, social y cultural, de conformidad con su propia cosmovisión. Asimismo, tienen el derecho a que se les garantice el disfrute de sus propios medios de subsistencia y desarrollo y a dedicarse libremente a todas sus actividades económicas.

2. Este derecho incluye la elaboración de las políticas, planes, programas y estrategias para el ejercicio de su derecho al desarrollo y la implementación de acuerdo a su organización política y social, normas y procedimientos, sus propias cosmovisiones e instituciones.

3. Los pueblos indígenas tienen derecho a participar activamente en la elaboración y determinación de los programas de desarrollo que les conciernan y, en lo posible, administrar esos programas mediante sus propias instituciones.

4. Los Estados celebrarán consultas y cooperarán de buena fe con los pueblos indígenas interesados por conducto de sus propias instituciones representativas a fin de obtener su consentimiento libre e informado antes de aprobar cualquier proyecto que afecte a sus tierras o territorios y otros recursos, particularmente en relación con el desarrollo, la utilización o la explotación de recursos minerales, hídricos o de otro tipo.[4]

5. Los pueblos indígenas tienen el derecho a medidas eficaces para mitigar los impactos adversos ecológicos, económicos, sociales, culturales o espirituales por la ejecución de los proyectos de desarrollo que afecten sus derechos. Los pueblos indígenas que han sido desposeídos de sus propios medios de subsistencia y desarrollo tienen derecho a la restitución y, cuando no sea posible, a la indemnización justa y equitativa. Esto incluye el derecho a la compensación por cualquier perjuicio que se les haya causado por la ejecución de planes, programas o proyectos del Estado, de organismos financieros internacionales o de empresas privadas.

Artículo XXX. Derecho a la paz, a la seguridad y a la protección

1. Los pueblos indígenas tienen el derecho a la paz y a la seguridad.

2. Los pueblos indígenas tienen derecho al reconocimiento y respeto de sus propias instituciones para el mantenimiento de su organización y control de sus comunidades y pueblos

3. Los pueblos indígenas tienen derecho a protección y seguridad en situaciones o períodos de conflicto armado interno o internacional conforme al derecho internacional humanitario.

4. Los Estados, en cumplimiento de los acuerdos internacionales de los cuales son parte, en particular el derecho internacional humanitario y el derecho internacional de los derechos humanos incluyendo el Cuarto Convenio de Ginebra de 1949 relativo a la protección debida a las personas civiles en tiempo de guerra, y el Protocolo II de 1977 relativo a la protección de las víctimas de los conflictos armados sin carácter internacional, en caso de conflictos armados

---

[4] El Estado de Colombia se aparta del consenso respecto del artículo XXIX, numeral 4 de la Declaración de los Pueblos indígenas de la OEA, que se refiere a las consultas para obtener …

tomarán medidas adecuadas para proteger los derechos humanos, instituciones, tierras, territorios y recursos de los pueblos indígenas y sus comunidades. Asimismo, los Estados:

a. No reclutarán a niños, niñas y adolescentes indígenas en las fuerzas armadas en ninguna circunstancia;

b. Tomarán medidas de reparación efectiva y proporcionarán los recursos necesarios para las mismas, conjuntamente con los pueblos indígenas afectados, por los perjuicios o daños ocasionados por un conflicto armado.

c. Tomarán medidas especiales y efectivas En colaboración con los pueblos indígenas para garantizar que las mujeres, niños y niñas indígenas vivan libres de toda forma de violencia, especialmente sexual y garantizarán el derecho de acceso a la justicia, la protección y reparación efectiva de los daños causados a las víctimas.

5. No se desarrollarán actividades militares en las tierras o territorios de los pueblos indígenas, a menos que lo justifique una razón de interés público pertinente o que se haya acordado libremente con los pueblos indígenas interesados, o que éstos lo hayan solicitado.[5]

SECCIÓN SEXTA: Provisiones generales

Artículo XXXI

1. Los Estados garantizarán el pleno goce de los derechos civiles, políticos, económicos, sociales, culturales de los pueblos indígenas, así como su derecho a mantener su identidad cultural, espiritual y tradición religiosa, cosmovisión, valores y a la protección de sus lugares sagrados y de culto y de todos los derechos humanos contenidos en la presente Declaración.

2. Los Estados promoverán, con la participación plena y efectiva de los pueblos indígenas, la adopción de las medidas legislativas y de otra índole, que fueran necesarias para hacer efectivos los derechos reconocidos en esta Declaración.

---

[5] El Estado de Colombia se aparta del consenso respecto del artículo XXX, numeral 5 de la Declaración de los Pueblos indígenas de la OEA, considerando que conforme al mandato contenido...

Artículo XXXII

1. El Estado de Colombia se aparta del consenso respecto del artículo XXX, numeral 5 de la Declaración de los Pueblos indígenas de la OEA, considerando que conforme al mandato contenido...

2. Todos los derechos y libertades reconocidos en la presente Declaración se garantizarán por igual a las mujeres y los hombres indígenas.

Artículo XXXIII

Los pueblos y personas indígenas tienen derecho a recursos efectivos e idóneos, incluyendo los recursos judiciales expeditos, para la reparación de toda violación de sus derechos colectivos e individuales. Los Estados, con la participación plena y efectiva de los pueblos indígenas, proveerán los mecanismos necesarios para el ejercicio de este derecho.

Artículo XXXIV

En caso de conflictos y controversias con los pueblos indígenas, los Estados proveerán, con la participación plena y efectiva de dichos pueblos, mecanismos y procedimientos justos, equitativos y eficaces para la pronta resolución de los mismos. A estos fines, se dará la debida consideración y el reconocimiento a las costumbres, las tradiciones, las normas o los sistemas jurídicos de los pueblos indígenas interesados.

Artículo XXXV

Nada en esta Declaración puede ser interpretado en el sentido de limitar, restringir o negar en manera alguna los derechos humanos, o en el sentido de autorizar acción alguna que no esté de acuerdo con el derecho internacional de los derechos humanos.

Artículo XXXVI

En el ejercicio de los derechos enunciados en la presente Declaración, se respetarán los derechos humanos y las libertades fundamentales de todos. El ejercicio de los derechos establecidos en la presente Declaración estará sujeto exclusivamente a las limitaciones determinadas por la ley y con arreglo a las obligaciones internacionales en materia de derechos humanos. Esas limitaciones no serán discriminatorias y serán sólo las estrictamente necesarias para garantizar el reconocimiento y respeto debidos a los derechos y las libertades de los demás y para satisfacer las justas y más apremiantes necesidades de una sociedad democrática.

Las disposiciones enunciadas en la presente Declaración se interpretarán con arreglo a los principios de la justicia, la democracia, el respeto de los derechos humanos, la igualdad, la no discriminación, la buena gobernanza y la buena fe.

Artículo XXXVII

Los pueblos indígenas tienen derecho a recibir asistencia financiera y técnica de los Estados y por conducto de la cooperación internacional para el disfrute de los derechos enunciados en la presente declaración.

Artículo XXXVIII

La Organización de los Estados Americanos, sus órganos, organismos y entidades tomarán las medidas necesarias para promover el pleno respeto, la protección y la aplicación de las disposiciones contenidas en esta Declaración y velarán por su eficacia.

Artículo XXXIX

La naturaleza y el alcance de las medidas que deberán ser tomadas para dar cumplimiento a la presente Declaración, serán determinadas de acuerdo con el espíritu y propósito de la misma.

Artículo XL

Ninguna disposición de la presente Declaración se interpretará en el sentido de que limite o menoscabe los derechos que los pueblos indígenas gozan en la actualidad o que puedan adquirir en el futuro.

Artículo XLI

Los derechos reconocidos en esta Declaración y la Declaración de las Naciones Unidas sobre los Derechos de los Pueblos Indígenas constituyen las normas mínimas para la supervivencia, dignidad y bienestar de los pueblos indígenas de las Américas.

NOTA DE PIE DE PÁGINA

1. ...el incremento de su participación en los procesos políticos nacionales, la falta de infraestructura y las malas condiciones de vida imperantes en sus comunidades, el combate a la violencia contra las mujeres y niñas indígenas, la promoción de la repatriación de restos ancestrales y objetos ceremoniales, así como la colaboración en áreas relativas a los derechos territoriales y gobierno autónomo, entre otros. Las muchas iniciativas en curso con respecto a estos temas constituyen posibles oportunidades para atender algunas de las consecuencias de acciones pasadas. No obstante, Estados Unidos ha expresado de manera persistente sus objeciones al texto de esta Declaración Americana, que en sí mismo no es vinculante y, por lo tanto, no da lugar a una nueva legislación y tampoco constituye una declaración de obligaciones para los Estados Miembros de la Organización de los Estados Americanos en virtud de un tratado o el derecho internacional consuetudinario.

Estados Unidos reitera su creencia, expresada ya desde hace mucho tiempo, de que la Organización de los Estados Americanos y sus Estados Miembros deberían seguir concentrándose en la implementación de la Declaración de las Naciones Unidas sobre los Derechos de los Pueblos Indígenas (Declaración de las Naciones Unidas). Los Estados Miembros de la OEA se unieron a los Estados Miembros de las Naciones Unidas al renovar sus compromisos políticos con respecto a la mencionada declaración en la Conferencia Mundial sobre los Pueblos Indígenas en septiembre de 2014. Las importantes y ambiciosas iniciativas en curso en el ámbito internacional para cumplir los correspondientes compromisos contenidos en la Declaración de las Naciones Unidas y en el documento final de la conferencia son en consecuencia el centro de atención y recursos de los Estados, los pueblos indígenas, la sociedad civil y las organizaciones internacionales, incluso de las Américas. En este sentido, Estados Unidos pretende seguir adelante con sus diligentes y proactivos esfuerzos, que ha emprendido en estrecha colaboración con pueblos indígenas en Estados Unidos y con muchos de los Estados Miembros de la OEA, para promover la consecución de los objetivos de la Declaración de las Naciones Unidas y el cumplimiento de los compromisos contenidos en el documento final de la Conferencia Mundial sobre los Pueblos Indígenas. Por último, cabe destacar que Estados Unidos reitera su solidaridad con los pueblos indígenas que han manifestado sus inquietudes con respecto a su falta de participación plena y efectiva en estas negociaciones.

2. ...totalmente comprometida –en plena alianza con los pueblos indígenas de Canadá– con la implementación de la Declaración de las Naciones Unidas sobre los derechos de los pueblos indígenas, de conformidad con su constitución. En virtud de que Canadá no ha participado de manera sustancial en los últimos años en las negociaciones de la Declaración Americana sobre los Derechos de los Pueblos Indígenas, por ahora no está en capacidad de adoptar una posición sobre el texto propuesto de esta declaración. Canadá está empeñado en seguir colaborando con sus contrapartes en la OEA abogando en favor de la causa indígena en las Américas

3. ...para obtener el consentimiento previo, libre e informado de las comunidades indígenas antes de adoptar y aplicar medidas legislativas o administrativas que los afecten, a fin de obtener su consentimiento libre, previo e informado.

Lo anterior, considerando que el ordenamiento jurídico colombiano, define el derecho de consulta previa de estas comunidades, de acuerdo con el Convenio No. 169 de la OIT. Es así que, la Corte Constitucional Colombiana, establece que el proceso de consulta debe llevarse a cabo "con miras a alcanzar un acuerdo o lograr el consentimiento de las comunidades indígenas acerca de las medidas legislativas propuestas". Es importante aclarar que lo dicho no se traduce en un poder de veto de las comunidades étnicas a las medidas que las afecten directamente según el cual no pueden adoptarse sin su consentimiento, significa que, ante el desacuerdo se deben presentar "fórmulas de concertación o acuerdo con la comunidad".

Asimismo, el Comité de Expertos de la Organización Internacional del Trabajo (OIT), ha establecido que la consulta previa, no implica un derecho a vetar decisiones estatales, sino que es un mecanismo idóneo para que los pueblos indígenas y tribales tengan el derecho a expresarse y a influenciar en el proceso de toma de decisiones.

4. ... el consentimiento previo, libre e informado de las comunidades indígenas antes de aprobar proyectos que afecten sus tierras o territorios y otros recursos.

Lo anterior, considerando que a pesar de que el Estado colombiano ha incorporado a su ordenamiento jurídico una amplia gama de derechos dirigidos a reconocer, garantizar y hacer exigibles los derechos y principios constitucionales de pluralismo y diversidad étnica y cultural de la nación, bajo el marco de la Constitución Política, el reconocimiento de los derechos colectivos de los pueblos indígenas, está regulado por disposiciones legales y administrativas, en armonía con los fines del Estado, y con principios como la función social y ecológica de la propiedad, y la propiedad estatal del subsuelo y los recursos naturales no renovables.

En este entendido, en estos territorios los pueblos indígenas ejercen su propia organización política, social y judicial. Por mandato constitucional, sus autoridades se reconocen como autoridades estatales públicas de carácter especial y, en materia judicial, se reconoce la jurisdicción especial indígena, avance notable en relación con otros países de la región.

En el contexto internacional, Colombia ha sido un país líder en la aplicación de las disposiciones sobre consulta previa del Convenio No. 169 de la Organización Internacional del Trabajo (OIT), del que es parte nuestro Estado.

Entendiendo que el enfoque de esta Declaración Americana, frente al consentimiento previo es distinto y podría equivaler a un posible veto en la explotación de recursos naturales que se encuentren en territorios indígenas, en ausencia de un acuerdo, lo que podría frenar procesos que son de interés general, el contenido de este articulo resulta inaceptable para Colombia.

Adicionalmente, es importante destacar que muchos Estados, incluido Colombia, consagran constitucionalmente que el subsuelo y los recursos naturales no renovables, son propiedad del Estado para conservar y garantizar su utilidad pública en beneficio de toda la nación. Por esta razón, las disposiciones contenidas en este artículo son contrarias al orden jurídico interno de Colombia, sustentado en el interés nacional.

5.…en la Constitución Política de Colombia, la Fuerza Pública esta en la obligación de hacer presencia en cualquier lugar del territorio nacional para brindar y garantizar a todos los habitantes la protección y respeto de su vida, honra y bienes, tanto individuales como colectivos. La protección de los derechos de las comunidades indígenas y su integridad dependen en gran medida de la seguridad de sus territorios.

Así las cosas, en Colombia se han expedido instrucciones a la Fuerza Pública para dar cumplimiento a la obligación de protección de los pueblos indígenas. En ese sentido, la citada disposición de la Declaración de los Pueblos indígenas de la OEA, contraría el principio de Necesidad y Eficacia de la Fuerza Pública, impidiendo el cumplimiento de su misión institucional, lo que hace que resulte inaceptable para Colombia.

NOTAS DE INTERPRETACIÓN DE LA DELEGACIÓN DE COLOMBIA

NOTA DE INTERPRETACIÓN No. 1

DEL ESTADO DE COLOMBIA EN RELACIÓN CON EL ARTÍCULO VIII DE LA DECLARACIÓN DE LOS PUEBLOS INDÍGENAS DE LA OEA.

En relación con el Artículo VIII, sobre el Derecho a pertenecer a pueblos Indígenas, Colombia declara expresamente que el derecho a pertenecer a uno o varios pueblos indígenas se regirá por la Autonomía de cada pueblo indígena.

Lo anterior en razón al Artículo 8, numeral 2 del Convenio 169 de la OIT: "Dichos pueblos deberán tener el derecho de conservar sus costumbres e instituciones propias, siempre que éstas no sean incompatibles con los derechos fundamentales definidos por el sistema jurídico nacional ni con los derechos humanos internacionalmente reconocidos. Siempre que sea necesario, deberán establecerse procedimientos para solucionar los conflictos que puedan surgir en la aplicación de este principio".

Es importante precisar, que en la situación en que una persona comparta distintos orígenes indígenas, es decir, cuando su madre es perteneciente a una etnia y su padre a otra (por dar un ejemplo), solamente podrá definirse la pertenencia a uno u otro de los pueblos indígenas, dependiendo de las tradiciones en contacto. Es decir, para efectos de establecer la pertenencia de un individuo a determinado pueblo indígena, deberá examinarse de manera casuística los patrones culturales que definen las relaciones de parentesco, autoridad y adscripción étnica.

No es lo mismo un caso de contacto entre dos tradiciones matrilineales, que un contacto entre una tradición matrilineal y una patrilineal. De igual manera debería establecerse la jurisdicción dentro de la cual habita el individuo, las obligaciones derivadas del régimen de derechos contenidos dentro del fuero propio, así como el contexto socio geográfico en el que específicamente desarrolla sus actividades cotidianas, culturales y políticas.

A continuación, se transcribe el párrafo al que se refiere la anterior nota:

ARTÍCULO VIII

DERECHO A PERTENECER A PUEBLOS INDÍGENAS

Las personas y comunidades indígenas tienen el derecho de pertenecer a uno o varios pueblos indígenas, de acuerdo con la identidad, tradiciones, costumbres y sistemas de pertenencia de cada pueblo. Del ejercicio de ese derecho no puede resultar discriminación de ningún tipo.

NOTA DE INTERPRETACIÓN No. 2

DEL ESTADO DE COLOMBIA EN RELACIÓN CON LOS ARTÍCULOS XIII, NUMERAL 2; XVI, NUMERAL 3; XX NUMERAL 2; Y XXXI, NUMERAL 1 DE LA DECLARACIÓN DE LOS PUEBLOS INDÍGENAS DE LA OEA.

En relación con la noción de lugares y objetos sagrados a los que se refieren los artículos XIII, numeral 2; XVI, numeral 3; XX, numeral 2; y, XXXI, numeral 1 de la Declaración de los Pueblos Indígenas de la OEA, el Estado Colombiano declara expresamente que la definición y regulación de los lugares y objetos sagrados de los pueblos indígenas, se regirá por los desarrollos alcanzados en el plano nacional. Dado que no existe una definición internacionalmente aceptada y que ni el Convenio 169 de la Organización Internacional del Trabajo (OIT), ni la Declaración de las Naciones Unidas sobre los Derechos de los Pueblos Indígenas, hacen referencia a dichos términos o los definen.

A este respecto, Colombia viene avanzando en una regulación sobre el particular que ha contado y continuará contando con la participación de los pueblos indígenas y avanzará en dicho propósito, de acuerdo con el ordenamiento jurídico colombiano y, cuando corresponda, conforme los instrumentos internacionales aplicables.

A continuación, se transcriben los párrafos a los que se refiere la anterior nota:

ARTÍCULO XIII.
DERECHO A LA IDENTIDAD E INTEGRIDAD CULTURAL

2. "Los Estados proporcionar n reparación por medio de mecanismos eficaces, que podrán incluir la restitución, establecidos conjuntamente con los pueblos indígenas, respecto de los bienes culturales, intelectuales, religiosos y espirituales de que hayan sido privados sin su consentimiento libre, previo e informado o en violación de sus leyes, tradiciones y costumbres."

ARTÍCULO XVI.
ESPIRITUALIDAD INDÍGENA

3. "Los pueblos indígenas tienen derecho a preservar, proteger y acceder a sus sitios sagrados, incluidos sus lugares de sepultura, a usar y controlar sus reliquias y objetos sagrados y a recuperar sus restos humanos."

ARTÍCULO XX.
DERECHOS DE ASOCIACIÓN, REUNIÓN, LIBERTAD DE EXPRESIÓN Y PENSAMIENTO

2. "Los pueblos indígenas tienen el derecho a reunirse en sus sitios y espacios sagrados y ceremoniales. Para tal fin, tendrán libre acceso, y uso de los mismos."

ARTÍCULO XXXI.

1. "Los Estados garantizar n el pleno goce de los derechos civiles, políticos, económicos, sociales, culturales de los pueblos indígenas, así como su derecho a mantener su identidad cultural, espiritual y tradición religiosa, cosmovisión, valores y a la protección de sus lugares sagrados y de culto y de todos los derechos humanos contenidos en la presente Declaración."

NOTA DE INTERPRETACIÓN No. 3

DEL ESTADO DE COLOMBIA EN RELACIÓN CON EL ARTÍCULO XIII, NUMERAL 2 DE LA DECLARACIÓN DE LOS PUEBLOS INDÍGENAS DE LA OEA.

El Estado de Colombia, declara expresamente que el derecho de los pueblos indígenas, a promover y desarrollar todos sus sistemas y medios de comunicación, está sujeto al cumplimiento de los requisitos y procedimientos establecidos en la normatividad interna vigente.

A continuación, se transcriben los párrafos a los que se refiere la anterior nota:

ARTÍCULO XIV.

SISTEMAS DE CONOCIMIENTOS, LENGUAJE Y COMUNICACIÓN

3. "Los pueblos indígenas, tienen derecho a promover y desarrollar todos sus sistemas y medios de comunicación, incluidos sus propios programas de radio y televisión, y acceder en pie de igualdad a todos los demás medios de comunicación e información. Los Estados tomarán medidas para promover la transmisión de programas de radio y televisión en lengua indígena, particularmente en regiones de presencia indígena. Los Estados apoyarán y facilitarán la creación de radioemisoras y televisoras indígenas, así como otros medios de información y comunicación."